开口就能说重点，一句话就能打动人。

高效对话

——如何说别人才肯听
怎么听别人才肯说

宿文渊 / 编著

吉林文史出版社
JILIN WENSHI CHUBANSHE

图书在版编目（CIP）数据

高效对话：如何说别人才肯听，怎么听别人才肯说 /

宿文渊编著 . —— 长春：吉林文史出版社，2018.11（2021.12重印）

ISBN 978-7-5472-5784-5

Ⅰ.①高… Ⅱ.①宿… Ⅲ.①语言艺术—通俗读物Ⅳ.①H019-49

中国版本图书馆 CIP 数据核字（2018）第 263838 号

高效对话：如何说别人才肯听，怎么听别人才肯说

出 版 人　张　强

编 著 者　宿文渊

责任编辑　弭　兰

封面设计　韩立强

出版发行　吉林文史出版社有限责任公司

地　　址　长春市净月区福祉大路5788号出版大厦

印　　刷　天津海德伟业印务有限公司

版　　次　2018年11月第1版

印　　次　2021年12月第3次印刷

开　　本　880mm×1230mm　　1/32

字　　数　125千

印　　张　6

书　　号　ISBN 978-7-5472-5784-5

定　　价　32.00元

人是一种社会动物，在社会群体和组织中实现和创造自我，而群体生活的第一奥义便是沟通和对话。著名成功学家戴尔·卡耐基曾说："当今社会，一个人的成功，仅仅有15％取决于专业知识和技术，而其余85％则取决于沟通艺术。"话语是思想的外壳，是人与人沟通的桥梁。任何专业知识的发挥都需要靠说话的艺术来实现，任何人际关系的处理都需要靠聊天的技巧来协调。

在这个竞争异常激烈的社会，自我推荐、介绍产品、主持会议、商务谈判、交流经验、鼓励员工、化解矛盾、探讨学问、接洽事务、交换信息、传授技艺，还有交际应酬、传递情感和娱乐消遣都离不开沟通。沟通能力的高低直接影响到一个人的前途。

沟通的力量是巨大的，它能征服世界上最复杂的东西——人的心灵。会心的交流，可以让陌生人变成知己，长期形成的隔阂可以自动消除；甚至可以让人叱咤风云，一句话抵得上千军万马，完成一些看似不可能完成的任务。如果一个人的沟通对话能力不高，就不能很好地驾驭自己的思想和感情，也不能很好地驾驭各种事情和各种情况下的人际关系。因此，会不会交流就成了衡量一个人是否有能力的重要标准之一。

当人类进入文明社会之后，检验一个人是否有能力，以及这种能力能否发挥出来，其中一个最重要的因素就是他是否具备高效对话的能力。在日常生活中，要想与别人愉快相处，必须培养自己的对话能力，只有这样才能打开人与人之间沟通的大门，彼此的心灵才能碰撞产生共鸣。

社会需要沟通、交流，而人与人之间交流思想、沟通感情最直接、最方便的途径就是对话。生活中，愉快对话给予的力量，能使我们在与人谈判、安慰亲朋、恋爱道歉、应对上司等各个方面都如鱼得水，达成我们希望的结果。高效对话并不是每次都能达成的，高效对话的能力不是天生就能获得的。若想把话说出水平，说得有意思，说得有创意并不容易，而要做到能言善辩、打动人心，更非一日之功；同样，让别人打开心扉，畅所欲言，把心底最真实，最真诚的话说出口，也不是一件容易的事情。但是，通过一些积极的训练，在知识面上培养、在说话技巧上训练、在气质性格上熏陶、在现实环境中锻炼，变得会对话也并非难事。

基于以上因素，我们编写了《高效对话——如何说别人才肯听，怎么听别人才肯说》一书，它结合丰富翔实的案例资料介绍了与工作和生活密切相关的高效对话的技巧，使读者能够在短时间内掌握高效表达和合理倾听的艺术，练就娴熟的交谈技巧，从而在激烈的社交竞争中拔得头筹，在事业的征途上"风调雨顺"。

目 录
CONTENTS

第六章　提问的艺术——打开对方的话匣子

第七章　做真诚的倾听者——让对方自愿吐露心声

第八章　求同存异——理智互动促成高效对话

第一章

什么是高效对话
——如何表达，如何引导

gaoxiaoduihua
zenmeshuobierencaikenting
zenmetingbierencaikenshuo

会面为什么不见成效

以下是我从会面参与者口中听到的一些抱怨。

被动：没有变化的议程表；没有人可以发表自己的看法。

无聊：报告内容枯燥；持续的时间太长；没有重点、东拉西扯的谈话。

人们失去了兴趣：大部分人都沉浸在自己的世界里；虽然作出反应，但是并没有在听。

会面成了某个人表演的舞台：一些权力欲强的人掌管着局面；没有其他人发挥的空间。

禁锢的思想：领导说了算；没有人敢提出异议。

没有建设性的成果：会面草草收场；没有提出具体的行动计划。

主席的权威：强制命令；不允许公开讨论；新思想。

个人问题：担心曝光、冲突、竞争、报复和拉帮结派。

在这一章中，你将了解到许多派得上用场的技巧和方法，它们能够帮助领导者和参与者克服种种问题和困难，在你参与的会面中，人们之间的配合将变得默契，气氛更为融洽，收获更大。

不能发挥会面正常功能的情况时有发生，但更重要的是，每个人都应该更多地了解这个群体的动态信息。

要想在一个群体中得出大家都接受的结论并不是件容易的事。我们大家都应当知道更多有关交流的知识，比如人与人互相交往的方式，怎样才能让你的话容易理解，冲突是怎么产生的，如何说服听众，什么时候应该放弃自己的观点。

1. 会议的主持者应该知道：

如何规划一个完善的议程。

如何让每个人都能在会议前做好充分的准备。

如何控制时间，保证讨论效果。

如何创造一个有利于会议开展的环境。

如何引起会议参与者的注意，并保持每个人都不分心。

如何控制冲突、私心和分歧。

怎么才能得出有实际意义的结论。

2. 会议参与者应该知道：

说话和呈现材料的方法。

如何事先做好准备才能获得最大的价值体现，怎么做才能让大家注意到你。

如何加入讨论，如何维护立场，如何做出让步。

如何去听，如何支持，如何反对。

如何应对批评和攻击。

当你的发言偏离主题或不能自圆其说时，该如何处理。

会面的作用、任务和目标

1. 加强团队建设和群体内的联络

在当今社会，许多工作都是在一个人单打独斗的情况下完成的。我们已经习惯了用电子手段寄送材料。尽管如此，我们都还需要一个场所，能让我们在其中感受到人与人之间的联系。因此，同事之间能够彼此看到对方是非常重要的——这可以使人们产生一种集体感，而不会觉得自己与其他人毫不相干。

当我们有着一致的目标和观点，能够看到包括自己负责的任务在内的各个项目组成部分是如何有机地整合在一起的时候，整个项目就会变得更加完善。

2. 信息共享

当人们知道别人也曾碰到过自己遭遇的难题时，他们的心就会安稳一些。通过会面，我们可以了解别人解决问题的方法，发现在此处和彼处进行的工作之间的相似性和关联性。你不仅是一个信息接收者，还是一个信息提供者。

3. 集思广益

人们在和上司单独对话时或多或少会有些紧张不安。这时候，他们通常不会和盘托出自己的观点。而当人们处在一个群体中时，这个群体就给他们提供了掩护，为自己的观点涂上了保护色，并让他们找到一个合适的标准，以此来决定要发表哪些看法。

4. 共同寻找解决方案

几乎所有人都坚信自己的想法是唯一的，所以当他们听到还有其他许多种解决问题的方法时，他们的第一反应多半是惊讶。有时候，其他人的观点和思想恰好可以向反对你的人证明你的观点的正确性，当你吸收这些观点和思想时所受到的刺激可以将人们的创造性推向一个新的水平。当人们回到自己的工作场所时，一些新的思想已经在这个群体中蔓延开来。

5. 形成统一意见

当人们认同团体的意见并打算采取行动时，这个团体中的每个人都将是其他人行动的动力和鞭策者。意见分歧可以公开来解决，这样行动所产生的结果对每个人来说都是可以接受的。

6. 集体自我批评

在一个群体中，大家一起倒苦水、挑毛病甚至嘲笑一件事情都不会带来什么后果，领导也会认可这种自我批评。同时，领导还有义务引导针对某个工作项目的自我批评，让人们意识到他们面临的困难，防患于未然，并且贡献出自己的一份力量。我们已经了解到一次会面中可能存在的负面和正面的信息。现在，让我们开始学习如何才能让会面更具有建设性。

策划一次会面

1. 确定你的目标

决定你最想在这次会面中完成的事情。

保持头脑清醒，用三四行字记下你的目标。

要根据实际情况修改。你不可能在一次会面中实现所有目标。

在会议后期你仍然可以增加或减少一些细节，或者做出一些变动。

2. 向会面发问

这次会面真的有必要吗？会面往往变成一种习惯，没有人会停下来分析一下会面是不是可以采取的最佳方式。也许你需要的是和关键成员的单独会面或者小组讨论，在这之后，再召集整个群体举行会议。

（1）哪些人应该出席。

充分考虑你面临的问题以及哪些人应当出席会议。你是否需要其他有专门技术的人员参加来增强讨论的效果？你是否应该邀请你们团体之外的关键人物参加，帮助他们了解你们的工作？在你说明问题之前需要介绍最新的进展吗？

（2）安排会面的时间。

这个时间呈现这个主题合适吗？想一想在你的工厂里、在业内，以及你投入的资金最近的情况如何。这是一个推动销量、推出一款新产品、推出一种新服务的时候吗？管理层会怎么想：他们现在会接受这些想法吗？你的会面和近期出现的问题会有关联吗？有哪些关联？

会面很容易造成正常情况的混乱，影响我们的工作进程。最近，在你的团体中存在很大的压力和临近尾声的工作吗？要充分考虑到即将到来的假期和重大事件。问问你自己：这次会面很紧急吗？能等吗？即使它是每周一次或每月一次的例会，也应该根据具体情况灵活安排时间。

3.制订会议时间表

这儿有几个经常被忽略的问题，这些问题足以影响到一次会面的成败：我们的兴奋程度、我们的情绪在一天中的高潮和低谷、饥饿、会面的持续时间——这些会影响我们听、理解、作出判断的能力，会面是否有成效也受这些因素的制约。

（1）会面的最佳和最差时间。

饥肠辘辘的时候，我们的情绪会变得很不稳定，整个人也会很没有耐心。这是我们最不给人面子、最容易生气的时候。我们一心只想满足自己的需要，绝不理会其他人的要求！而且低血糖让我们的兴奋水平大跌，注意力根本无法集中。所以在安排时间时一定要考虑到这个因素。

以下便是合适和不合适的会面时间：

午饭之前的时间不合适，除非你给大家准备了一些填肚子的食物。

早餐时和清晨是非常理想的时间，但是大部分人都还困意十足。有些人是早晨型的，但是很多人的内部时钟要到 10 点钟才开始运转。了解你的团体以及他们的工作习惯。

安排在上午 10 点左右或者一天中比较迟的时候召开会议，少不了提神饮料：提供咖啡，或者建议大家自带饮料，因为你会提供一些小点心或甜点。

要考虑到生物节律，有时向他们提供一些食品，这样才能保证会面的成效。注意对团队成员的关心，一些小食品可以让气氛变得融洽、愉快。

（2）会面的持续时间。

实际上需要多长时间？站在对方的立场上，你会发现这些会面会给一些人的日常工作带来不小的干扰。会议的时间一定要控制在合理的范围之内。

考虑人们的注意广度以及对你的主题的感兴趣程度。

不要一次讲太多问题。若问题太多，连续几次会面是更好的选择。

（3）会面的地点。

空间和环境影响着我们的创造性和反应。当你想要某样东西或有坏消息要宣布时，改变现场的气氛，让它有别于平常。

想进行团队建设？到工作场所以外的地方去——这让大家感到新鲜、特别，人们会表现得更加团结。

无论在什么地方会面一定要让人感到舒服。噪声污染、炎热、寒冷都是抑制人们能力的因素——参与者心中唯一想做的事情就是尽快离开这儿。

（4）会面的日子。

了解你面对的这群人。星期一是一个新的开始，大家的心情就像一张白纸，但是在一个周末之后，要让大家把松弛的神经收拾起来有时也很困难。星期五的下午是最不合适的会面时间，人们很难集中精力，听都听不进去，更不用说思考了。他们的脑袋只接收一个信息——"就是这些，散会"。

涉及重要主题的会议：最好在上午 10 点左右召开，留给大家一点儿时间收拾办公桌。

传达基本信息的会议：星期二至星期四。

宣布坏消息或批评的会议：切忌在星期五召开！不要让大家在焦虑和痛苦中度过他们的周末，让他们没有心思去做其他事情。在午餐前或者一天结束的时候举行此类目的的会议，允许人们有恢复的时间。

4. 制作你的议程表

既然你已经决定了你希望在会面中讨论的主题，那么还有 4 件重要的事情需要你去思考，它们分别是：

有关与会者的需要以及（或者）他们对新事物的想法。

待讨论事项的绝对数目。

每一事项的重要性和讨论顺序。

每一事项的讨论时间长度。

（1）参与者的想法。

制订议程表时缺少其他人才的参与是大家主要抱怨的对象之一。为了让与会者觉得你的议程和他们息息相关，让他们能够更加投入地参与到会议中来，你需要听取他们对你制订的议程的意见。你会因此发现存在不少足以引起你重视的其他问题。

只要有可能，时机合适，就用电子邮件寄一封电子备忘录通知大家，不仅要说明会议的时间、地点，而且还要包括你制订的议程表。

让他们提出一些值得探讨的、可以作为讨论事项加入到议程表当中去的问题。

然后，你可以从中选择一部分添加到议程表中，或者在下次会议中讨论。也可以私下里解决个别人的问题。这么做要比在会面结束大家都急着离开会场时问大家是否有其他问题更有效。

在会议开始前就确定所有的议事项目还能帮助你确定事项的讨论顺序和时间分配。

（2）待议事项的数目。

一定要严密监控这个数目！请记住人们的注意广度。在会议中，你真正能够讨论透彻的项目会有几个？能够让所有人都关注，并积极思考的又有几个？参与者能够承受的会议强度有多大——从重要的主题到次要的细节？你在安排时间的时候最好能有的放矢，而不要一刀切，让大家成了会议的匆匆过客，离开的时候什么收获也没有，心情倒变得很不愉快。

（3）按重要性排列讨论顺序。

①次要事项。

如果它们真的是微不足道，而你又是训练有素的会议主持人，那么你就可以把这些事项一带而过，节省下来的时间可以用来讨论重要的问题。如果有人深究这些次要事项，那他们就占用了应该分配给重要问题的宝贵时间。

如果这件事情既重要也不重要，那么你可以考虑使用电子邮件、电话或者把它们留到下一次会议时讨论等方法来处理它们。你要考虑到哪些事项关系到所有人，需要所有人都提供他们的看法。

把所有的次要事项留到结束时，一次性提出表示你再也不会在会议上提到这些事情了。

②重要问题。

把它们作为主要事项在会议的开始阶段提出来，那些不是很重要的事情就放在会议的最后阶段再涉及。如果这是一次临时召开的会议，或者参加会议的有些人要提前离开，这一点更是千真万确。

另一种方法就是一次会面只讨论一件事情。这种方法强调了事情的重要性，强调了你希望每个人都能在这件事情上投入自己的时间。

不要让会议充斥着毫无用处的信息，这会挫伤与会者的积极性，因为你是希望看到他们全身心地投入的。如果确实出现这种情况了，他们会感到不知所措，分不清什么是重点，也不知道应该着重思考哪一部分。

（4）时间分配。

很难确定每个事项占用多少会议时间。我们倾向于认为，花在一个事项上的时间越多，这个事项就越重要。但是，我们往往并不知道一个事项需要多少时间才能讨论出结论。

为了了解议题实际需要的讨论时间，你应该：

在你下一次参加会议时计量每项议题的用时。看看多长时间算长，多长时间还不够，多少项议题之后你开始感到厌烦，等等。

给电视上的新闻和周末纪实类节目计时，看看你能坚持多长时间听一个人说话而不会感到厌烦。

给电视广告计时，看看在 15 秒之内你能接收到多少信息。

大声朗读这几页内容，看看在 30 秒、2 分钟、5 分钟内，你分别能理解多少内容。结果会让你大吃一惊的。

经过这一系列的练习，你在决定议程表上的每个议题需要分配多少时间时会变得更加实际。此外，它还能帮助你更进一步了解整个会议的用时，让会议的时间分配得更符合实际情况。

别忘了，你可比团体中的其他人在这个议程表中投入的热情多。有了以上这些知识你就可以更好地对会议进程进行安排了。

（5）在开会时由大家共同决定议程安排。

如果你能公开议程表，同时要求即将参加会议的人帮助你来决定时间的分配，那么，与会者就更愿意服从会议的时间安排。当人们对某个话题真正产生兴趣了，恐怕先前安排的时间就远远不能满足需要了。但是，一旦这个时间安排是大家一致通过的，你便可以强行中止话题，因为在此之前大家都已经达成了共识。

驾驭听众的技巧

你知道吗，当你参加会议、坐在桌前，每次几乎都是同一拨人发言，而表示反对、提出批评或者沉默不语的人每次也都大致相同。你有没有停下来思考过，他们其实已经形成了一定的模式，他们的行为是可以定义、可以预测的？

学会将这些模式进行分类、并理解它们是更好地控制他们、解决许多临场问题的关键。有一组词汇专门指代 4 种基本模式，这些模式存在于任何一个群体或家庭中——无论人们是在哪儿工作或活动——你应该学会如何掌控每一种模式的人，并让他们融入到群体中，和大家一起奋斗，而不是在一旁引起大家的不和，也不应以自我为中心，不积极，在会议中起不到任何作用，成为一个摆设。

可以在你参加过的所有会议中发现的 4 种主要个性模式有：

行动者：积极主动地提出建议和想法。

反对者：对行动者和他们的新观点有自己的看法，常常持反对意见。

追随者：追随他人的观点，鼎力支持或赞成。

旁观者：密切关注，静静地待在一边，不公开表态。

1.行动者

行动者是天生的领袖：他们强大、踏实、极具创造力，但是他们往往很难接受其他人的观点，他们自认为自己的观点无人能敌，是前进的唯一道路。而且，在这一点上，他们是无论如何都不允许失败在自己身上发生的。他们热爱权力和掌控一切的感觉，此外，他们还需要并期望得到他人的认同。

（1）在会议中体现出的价值。

他们非常有创造力。新观点、新解决方案层出不穷，只要有他们在，就不会冷场，而且他们会尽量让大家都能理解他们的想法。

（2）给领导的建议。

要把行动者控制在正确的方向上。你很有可能会以优先听取他们的意见或者过于草率地认可他们的观点这样的方式将行动者孤立起来，你要严密监控你的这种倾向。在行动者开始行动之前给他铺设一条道路，告诉他你想知道什么。

你还要表示，每个人的意见都很重要，你希望听到更多不同的想法。在你肯定行动者的表现的同时也要鼓励其他人。要明白，会议的领导者（也就是你）一般来说都属于行动者，所以要注意对立情绪，或者让其他人首先发表见解。

2.反对者

他们会通过封堵行动者以及你的行进路线不断地发起挑战。他们和行动者互相竞争，以反对这种方法来吸引注意、提高身价。他们感兴趣的只有"事实"和"真相"。他们如此反对还有一个目的，就是为了成为万众瞩目的行动者。他们不惜伤害别人的感情，到处树敌，不仅仅和个人为敌，连整个群体都成了他们的敌人，也难怪人们把他们视作前进的障碍。

（1）在会议中体现出的价值。

反对者能够以行动者同样的热情提出重要的问题，他们愿意检验观点的效果、详细分析数据、找出缺陷和弱点。而且，他们有能力完善行动者提出的新颖但有瑕疵的想法，并会刺激人们去思考。

（2）给领导的建议。

虽然看起来他们似乎起的是负面作用，而你也想忽略掉他们、倒打一耙，甚至将他们赶出会议室。但是，好好利用他们的批评，重新思考，甚至能启发出更多的想法，或者进一步完善已有的成果。给他们布置一道家庭作业："找出更多的不足，并举出一些正面和反面的例子来支持你的观点，然后写一份报告交给我，好吗？"领导者不要经常故意唱反调，这会让你成为一个反对者，要警惕这种情况，防患于未然。并且经常唱反调可能会抑制群体的创造力。

3. 追随者

追随者并不是缺乏创造力！他们只是想谨慎行事，在公开表态之前先弄清楚其他人的态度。他们会以不同的理由来支持行动者和反对者。

（1）在会议中体现出的价值。

他们通过给予支持和壮大拥护者的队伍这种方式授权给其他

人，在试验一个新想法的时候这种授权是不可或缺的——你需要来自团体中的支持者。要是一个团体中只剩下了行动者和反对者，你也许连话都插不上了！

（2）给领导的建议。

让追随者能够找到他们自己的位置。当追随者正式介入时，你要给他们分配具体的任务，让他们协力推动整个进程的发展。他们是非常优秀的支持者，特别擅长补充、完善任务。

4.旁观者

旁观者，很有意思的一类人，值得你去特别注意他们。他们和追随者有很大的不同，他们完全置身事外，不直接参与行动，不与其他3种类型的人结成任何同盟，只是冷眼旁观，把自己的看法藏在心中，从不公开自己的观点。旁观者喜欢站在一旁，对事情进行不偏不倚的评论，比如说"很有趣"或者"这个问题我会好好考虑的"。他的评论看似客观、明智，实际上却是无法让其他人感到满意的。

（1）在会议中体现出的价值。

旁观者能够通过说话让那些被他们注视的人感受到受重视和支持，从而让这些人感到宽慰。行动者和反对者都很欢迎旁观者，因为他们并不知道旁观者的想法，所以他们会花费很多精力试图从旁观者口中得到一些他们的看法。

（2）给领导的建议。

旁观者这么做并非出于自愿，而是由于他们长期生活在别人的阴影下，或者从未得到别人的鼓励或受过训练去尝试其他角色。为了帮助他们参与进来，可以给他们指定一个特定的角色，不然，他们是不会自发地积极参与其中的。你可以让他们准备一个非公开的报告，这是因为旁观者害怕接受公开的评判。

3 项关键的会面技能

在会议中最难以完成的任务就是让人们通力协作完成一个项目，抛开他们自己的计划安排，凝聚成一个团队一起奋进。

但是只有当个人的问题和需要得到解决和满足之后，我们才会把精力投入到共同的目标上去。不幸的是，你的需要和我的需要可能而且常常是相互冲突的。我们每个人都想得到认同和满足，你和我都希望一马当先——领先于对方以及其他人。

这 3 种技能在集体合作中，无论是保护别人的自尊还是传达信息都非常重要，它们分别是：倾听、支持、反对。

这 3 种技能在表达你的想法、为了让你的观点被人们接受并得到实施而获得足够多的支持中所起的关键作用是毋庸置疑的。要重视这 3 种技能，它们就是使你在会面中获得成功的秘诀。在你下一次开会时，注意一下有没有其他人在使用这些技能，它们是否会对结果产生影响，是如何影响的。

1. 倾听

（1）倾听的重要性。

不去倾听，也就不会有讨论时流畅和环环相扣的论述：你的思想是随意的，互不相关的。重要的信息和好的观点被遗漏了，使得我们无法弄清楚问题的来龙去脉。

因为我们并不指望别人会听我们的声音，所以，我们索性也不去注意其他人的发言，只坐在会场里滥竽充数，唯一的目的就是出席会议。我们还会注意到谁在开小差，谁已经厌倦。由于没有去听，在表决的时候，我们不知道该赞成谁，该反对谁。

（2）如何"倾听"。

让我们好好了解一下人的天性。众所周知，当我们热衷于表达自己的思想时，我们基本没有耐性和兴趣去了解其他人的想法和观点。通常这便是我们的做法：

你开始讲话。我听了开始的部分，然后跳过其余的内容，开始思考你接下来可能会讲到的内容以及你大概要表达的意思，一般不会等你把话说完，然后从全面的信息来考虑你的思想。我迫不及待地开始思考对策，在你结束的时候便大举反攻，这样就能够让大家记住我以及我的想法了。其实，我并没有听到你完整的观点，也不是对你的观点的全部作出反应，因为我正忙着阐述自己的观点。

（3）没有去听的代价。

听众有没有在听，一眼就可以看出来。没有听的人就像这样：

干扰别人讲话。

打断对方。

说一些和先前谈论的主题没有任何关联的内容。

几个人同时发表意见。

肢体语言的表现：经常性地改变姿势，没有任何眼神交流，乱写乱画，用手指敲击桌子，不停地抖动腿，清嗓子。

当群体中的其他人发现你并没有在听，只是急着要发表自己的看法时，你的一言一行在他们眼中会立刻变得十分可恨。一旦让别人发现你是如何对待他们的，其他人也会以同样的方式对待你。

（4）倾听的技术

使用这些技术和围坐在桌子前的人成为朋友，为你的想法争取更多人的支持。了解它们，并有意识地运用它们。看看你是否能从其他人那里听到、了解到、学到更多的东西。

①撇开自己的问题。

别人说话的时候要排除你心中的私心杂念。你脑中的思想不会因此而枯竭；轮到你发言的时候，你想说的话依然能够脱口而出。所以，现在开始把你的注意力都集中在其他人的谈话上吧。

②保持好奇心。

"他的想法是什么？""他在思考什么？"

既然你已经知道自己心中的想法，不如多花一些心思去发现其他人在考虑什么问题。只是听听别人是如何以不同的方式处理同一个主题、用多少种不同的方法来解决同一个问题就已经很有趣了，更不用说有多少想法是值得你借鉴、学习的了。

③以宽容的心态去听。

在你听的过程中不应当急于做出评判。

我们都很擅长批评，给别人的想法挑毛病，很轻松地就可以找到不去做某事的理由。所以，一定要等到你听完整件事情的前因后果之后再作出判断。你可以形成你对这件事情的看法，但不要评判它的价值。你应该从讲话者的角度用心地去听。

④积极地去听，做一些笔记。

记笔记迫使你去注意发言的人说的每一句话。

发现说话者接下来要讲的内容。

听取支持其观点的证据。

回顾和归纳你听到的内容。

从陈述中整理出没有证据支持的事实。

制作列表，进行分类："这点和那点有关。"

⑤听完最后一句话。

话不要只听一半！我知道，这很考验你的耐性，但绝对是学会倾听的关键一步。在听的同时，你可以设想最后的结果会是什么样子，但是等对方说完之后你再说。

⑥注视发言者。

对任何一位发言者而言，眼神的接触是表明你在听的主要标志。它还在你看到演讲者传达信息的方式时向你提供了许多信息。满怀激情？坚定不移？犹豫不决？寻求认同？眼神交流有助于你集中精神去听，而且眼神交流给了你许多关于发言者的信息。

⑦扩展前一位发言者的发言内容。

能够证明你刚刚在听的主要证据就是将你的发言和前一位或前几位发言者的想法联系起来。这同时也是对别人发言价值的肯定，这么做能够拉近你和其他人的距离。选取你听到的最后几句话作为你的开始："你刚才说，'从整体上概述'……你说的没错，我们确实需要不同的看法。你们看看这个如何……"

（5）领导的作用。

要警惕会面时人们的心不在焉，作为领导，你可以在这种情况出现的时候主动地进行调控。

看到就说出来："喂，大家好像对别人的话不太在意嘛。为了让大家的想法能够更好地展示，而且我想要了解更多的想法，所以，让我们都静下心来听听别人都提出了哪些观点。你们可以互相整合各自的想法，这样就可以迅速提出一套解决方案来。"

概括每个人刚才讲话的大意，然后询问发言者你的归纳是否正确。

对你听到的内容，特别是对最有意义、最具创新性的部分进行评述。

指定一个人回答："杰克，琳达说到的都跟你们部门有关。你对这个观点有什么看法？这些内容对你们有借鉴的价值吗？"

礼貌地中断发言以提醒心不在焉的人："先打断你一下，安德里亚。杰里刚刚谈论的是另外一个问题，我们先把这个问题弄清楚了再继续你想说的，好吗？"

教人们如何倾听：不要避讳这其中的艰难，向他们介绍一些可以提高倾听技巧的方法。

注意：这种技巧在和客户交换意见时也极为重要。

2.支持

（1）支持的重要性。

你回应他人的观点的方式有很高的重要性。

支持和完善一个观点可以帮助你发展出一个团队来实施你的任何一个提议。高超的支持技巧可以为你在群体中建立更加和谐的人际关系，人们会记住并感激你的支持。

贬损他人的观点，只会招致别人对你的观点的否定回应。在众人面前对自己的消极态度毫不掩饰让人感到难堪，并会伤害他人的感情。

支持他人的观点可以使人们的创造性得到充分发挥，而你则成了一个能够理解他人看法、兼容并蓄的人。

（2）支持并不是人的天性。

我们中有许多人在工作上都是奋勇争先的，所以要表现得大度确实有难度。当你增强别人地位的时候，你会感觉自己的地位好像被削弱了。对某些人来说，称赞和支持让他们面临威胁，这让他们看起来就像是追随者。人们还担心自己的支持被别人当做是溜须拍马。

而且在某些人看来，批评的角色要比支持更加主动，更能让自己出风头。人们认为愤世嫉俗和否定主义的态度看起来更强大，因为它代表的是强势、知识和经验。可是各位，事情并不是这样的。

（3）不支持的表现。

"这个主意不错！"

"它肯定起不了多大作用。"

"这个方法怎么样？"

"不行，我们已经试过了。"

"我们可以这么做。"

"让我来告诉你这么做有哪些问题。"

你有没有发现，他们总是在泼冷水！

（4）支持的技术。

①假设他人的观点是有价值的。

先把你的自尊放到一边，你要意识到，在任何一个观点中都有有价值的内容存在。新的观点可以促使你更深入地进行思考，可以将你带入一个新的方向，或者让你意识到你自己想法的缺陷和不足。

②找出你可以支持的观点。

你要尽量克制自己的好胜心，倾听他人的观点，从中找出意见一致的部分。事实上，你不必支持对方的全部观点，只需提取出一个好的想法的本质即可。在评论时，只对一个观点的很小一个部分、对常规想法的补充或者和普遍看法相背离的观点进行评论。

应当去发现你不知道的信息和不曾想过的看法，寻找已获得你支持的观点的延伸观点，留意那些可能会对团体中其他人的思考和创新带来帮助的想法。并且要找到是什么在帮助你不断完善你的思想。

"关于 X，克里奥说的一点儿没错。我们应该……"

"我很欣赏关于 Y 的这一部分，让我们再探讨探讨这一部分。"

"这段话给我们指出了一个我们连想都没想过的方向。"

③不断整合，不断完善。

"就这样，以苏珊的构想为基础，然后再加入我的关于……的观点。"这么做延续了向前发展的势头。然后，你就可以将你自己的观点融入精华部分，和已经得到认同的部分建立联系。这就表明你所做的事情和所说的话和这个新观点是协同一致的。在这之后，支持你的观点的声音会越来越多的。

好了，我要说的就这么多了。但是，在我凭空构想出这么一个所有人都会倾听，都会认同、支持彼此观点的完美世界之前，先让我们停止空想，因为你还是会去否定别人。

既然免不了要反对，那么利用哪些技巧可以让你的反对不会让人感到厌恶呢？

3.反对

（1）反对的作用。

很多人不敢反对，担心反对会伤害到别人，以至于让别人视自己为敌人。实则不然，反对其实益处多多。

如果一种解决方案能在集体的批评下幸存下来，它将变得更为强大有效。一个允许反对意见存在的集体更为高效，因为他们会重新思考，甚至推翻一个不起作用的观点。有建设性的反对意见让人们学会如何在批评声中保持一种观点的生命力，而且能够不破坏正常的合作关系。

（2）误入歧途的反对。

如果你的反对牵涉到个人，不再客观或尊重事实，你便给会议制造了不和谐。你对人不对事的做法伤害了对方，他将很难成为你的朋友和未来的支持者。这么做还妨碍了人们去改正某个合乎情理的缺陷，因为他们把时间都花在了为自己或朋友辩护上了。

其他错误的做法有：

站出来反对只是为了出风头。

为了保护自己的观点而否定他人的观点，这种否定是完全没有必要的。

对一个总体上正确的想法挑刺。

为了保护自己的地盘和责任区域而反对。

（3）反对的技术。

①尊重有分歧的观点。

注意：你反对的不是某个人，而是那个人所持的观点。

在你反对的时候，要用"它"来开头，而不要用"你"。"你弄错了吧。"应该说："这个想法中好像没有足够的……"不要说："你根本就没仔细考虑。"而要这么跟对方说："这个好像很难奏效。"或者"这么说还不足以解答这个问题。"

你的反对态度中不要掺杂任何个人感情因素——要基于客观事实来提出反对意见，而不是倚仗自己的权威——只有这样，才能让每个人都会考虑你提出的问题。

②首先要倾听和支持，其次才是异议。

先说一些好听的话解除听众的戒心，在你开始删减对方的观点之前先以支持作为补偿，尽量减轻对方的失落感。第一步，应该听完对方观点的陈述，从中甄选出最有价值的部分。举例说明：

"我很欣赏你谈论的X这一部分。或许你可以详细论证一下用它来解决Y问题的可行性，这个问题很难解决。或者，你也可以结合Z，因为……"

批评之前应如何称赞？只需往你的批评中添加一些建议：

"促销的那部分讲的不错，想法很好。但是你把事情想得太理想化了。下一步我们可以和一些顾客交流一下，你看怎么样？"

一定要采用一些客观事实来支持你的反对意见，否则你拥有的只是和他们相反的观点而已。

③提问。

在你打算讨论之前先要弄清楚对方所说的内容和含义。有时候，虽然你和另一个人的看法不一致，但是你们讨论的却是两个截然不同的事物。

你要获取更多的信息来支持你的反对观点。让别人重新解释他们观点的过程往往就能够将你要反对的问题解决。你还可以要求对方列举一些实例，或者询问这个想法是否进行过实际操作，他们是否有实践经验。

"这部分说得已经很清楚了，但是其余的部分我还不是太确定。你的意思是……""如果……它将如何工作？""这个构想有没有在其他地方实现过？"

不要只提了一个问题就罢手，一定要一直追问下去，直到你以及其他人真正理解了他们的想法。不过，要注意方法，要用一种很坦率的好奇心来提问，而不是以审问的方式来提问。

④更具体、更有建设性。

在你说完同意的部分之后，就可以开始列举你不同意的每件事情，但是一定要有理有据、条理清晰。否则，你的反对就成了劈头盖脸的拒绝和否定，没有人能从中获得有用的信息。

一定要具体阐述你提出的异议是针对什么内容——不要概括地说明。把主要精力都集中在一或两个具体的点上，这样听众更容易听懂。选择其中最重要的几点进行说明，它们一定要和你们正在进行的工作和你们正试图解决的某个具体问题密切相关。

⑤不同意，但一定要理智。

不要人为地为某个观点赋予一种特点。小心地使用词语！你可以这么说："这段话里有些东西让我感到很困扰。"而不要说："这个想法一点儿用也没有！"

不要显得心不在焉或者看起来很不耐烦。通常，我们在反对的时候常常会表现得极没有耐心。也不要以为自己比别人更接近真理，只有自己才有资格做最终决定。即使想法听起来很荒唐，也要尽力保持冷静，不要冷嘲热讽，因为说不定别人对他的想法还钟爱有加呢！

⑥提供其他一些解决方法。

对反对的意见不但要指出其不正确、不恰当的地方，还要提供一个更好的或者可用来替代的想法。你的想法要有建设性，能加入自己的思考是最好的："也许这还不算结束，把它修改一下，把杰里的构想加进去怎么样？"或者"你可以看一下印刷品部分吗？这部分可能成本太高了，怎么做才能削减这部分支出？"

4.给领导的建议

领导在消除分歧中可以扮演非常重要的角色，不过这种作用只有在他们一筹莫展时才能真正发挥。

在你介入之前先让大家稍微讨论一会儿，在他们讨论结束后你再指出他们没有提到的部分。

你可以说："我已经听懂你们两个人的观点了，我要告诉你们的是，我认为它们在哪个地方是一致的。"

提出到目前为止还没有人提到的方面；用事实来检验什么可行，什么不可行。

引导人们："我感觉你们想的太远了，还是让我们回到最初的问题上，每个人都来思考我们该怎么用它。这实际上是一个很好的想法。"

接下来让我们去了解更多的交流技巧——分别适用于会议领导和与会者——它们会对会议的走向产生彻底的影响。

第二章

高效能的表达
——牢记这些口才定律

gaoxiaoduihua
zenmeshuobierencaikenting
zenmetingbierencaikenshuo

白德巴定律：能管住自己的舌头是最好的美德

不知道你有没有留意过这样一个奇怪的现象，那就是在人际沟通中，很多时候谁说的话多，谁的话就越没分量。很多人都有这样一个认识误区：总以为话说得越多，在社交圈子里就会越成功，其实不然。要知道，言不在多而贵精。那种信口开河、滔滔不绝讲话的人，无论走到哪里，无论谈话的对象是谁，都不会受到别人的欢迎。

古印度哲学家白德巴认为，能管住自己的嘴巴是最好的美德。后来人们将其称为白德巴定律。而松下幸之助的这一理论是根据白德巴定律提出的：能管住自己的舌头是最好的美德。

松下幸之助认为，高明的人善于欣赏别人的所作所为，懂得管好自己的舌头，而不是去挑剔、斥责下属的缺点。他说："根据多年的管理经验，有些人喜欢赞扬部属的优点，有些人喜欢挑剔缺点，往往前者的工作推行较顺利，业绩也不会太差。爱挑剔毛病的上司结果正好相反。所以唯有懂得欣赏别人的长处，才能领导更多的人。"

有的时候，适当地少说话，不但可以突出自己言语的珍贵，更会引起对方的好奇心和信赖感。从这个角度来说，尼克松"一言九鼎"的少说话策略，无疑是一种明智的做法，说得越少，话越有分量，越能给人一种稳重、踏实、可信赖的感觉。

1960年美国的总统选举，尼克松和肯尼迪是竞争对手。尼克松时任副总统之职，在开始时占绝对的优势，但选举的后期，肯尼迪扭转了形势，获得胜利。

1968年，尼克松再次竞选美国总统，他吸取上次失败的教训，想要彻底改变自己的形象。这次选举对尼克松来说远比上次艰难，因为他必须首先打败洛克菲勒等强劲的对手，取得共和党的提名。所以尼克松在迈阿密的共和党大会中，尽量保持沉默稳重。

他说话时，除了强调"法和秩序"以及"尽力达到完美境地"外，绝口不提其他具体的政策，希望能借"一言九鼎"的策略，给人以信赖感，彻底改变之前的形象。最后，他成功了，他不仅以微弱的优势获得共和党提名，而且在总统大选中，大败民主党对手，荣登美国总统宝座。

现实中，聪明人都会管好自己的嘴巴，不会说太多的废话。很多时候，与人沟通的最佳方式，并不在于你表达了多少，而在于你聆听了多少。真正的谈话高手，总是能够专心地听对方说话，关注别人的内心感受。

一位外交官在初涉外交领域时曾带自己的太太去应酬，可他的太太在那些场合总是感到很别扭。她是个来自小地方的人，面对满屋子口才奇佳、曾在世界各地游历过的人，也感觉到了自卑。

为了改变这个状况，她拼命地找话题和他们聊天，不想只听别人说话。结果可想而知，人人都在疏远她，没有一个人想与她交流。

有一天，她向一位讲话不多但深受欢迎的资深外交家吐露了自己的困扰。这位外交家说："你必须学会约束自己的嘴巴，没什么可讲时，就不要勉强。多听听别人说不是挺好的吗？相信我，善于聆听的人同样受欢迎。"后来，这个外交官的太太因自己沉默寡言的性格让人觉得威严而庄重。

的确，正如莎士比亚所说的："简洁是智慧的灵魂。"掌握"话以稀为贵"的真理是成为明智的管理者的必要条件。白德巴定律最开始应用在企业管理方面，它认为，作为团队领导者，管好自己的嘴和手，少插话，少插手，适时控制自己发表演说和多管"闲事"的欲望，让下属有更多参与的机会和发挥的空间。而白德巴定律在人际交往中则指的是管住自己的舌头，这是一种很好的美德，因为懂得并善于约束自己嘴巴的人，会在行动上得到最大的自由。

哈佛礼仪课教授克莱尔说过："我们都曾在社交场合中遇到过某些人，他们在你耳边唠叨不停，不肯闭嘴。他会谈他的孩子、他的狗、甚至他的外科手术，以及任何其他事情。或许这个时候，作为听众的你，都已经两眼空洞无神，丝毫不知道他的重点在哪里，可他却丝毫没有要停下来的意思。"

的确，没有重点的话说再多遍也只是废话，不仅不能明确表达自己的态度，还会招人厌烦。在与人交流的时候，有很多人的形象之所以受损，就在于他们没完没了地说，却根本没说到重点，或者，他们的重点已经被其他喋喋不休的话语淹没了，使得对方完全不知道他们要表达的主要意思。

可见，简洁的谈话有多么重要。言简意赅地表达我们的观点和立场，会给人留下办事利索、思维清晰、言谈精练、尊重他人的良好印象，是人格魅力的最佳展示，这是白德巴定律在人际交往中的体现。

1994 年 7 月 17 日，在法国政府大厦门前，37 岁的洛朗·法比尤斯出现在众人面前，进行总理就职演说，他胸有成竹地说："新政府的任务是国家现代化，团结法国人民，为此要求大家保持平静和表现出决心。谢谢大家。"人们还等着听他往下讲时，他已经结束了演讲，转身回办公室去了。

洛朗·法比尤斯没有沿袭以往总理就职演说长篇大论的惯例，以短小精悍的演讲给人们留下了深刻的印象。而他在以后的工作中也雷厉风行，颇受欢迎。

那么，在人际交往中，怎样才能做到"话以稀为贵"，真正达到"管住自己舌头"的美德和境界呢？

1. 训练思维

反复地对事物进行综合整理、逻辑分析，这样可以让自己尽快抓住事物的本质，然后试着把这些事物的本质归纳出来，注意语言精练。

2. 斟字酌句

平时，要养成斟字酌句的习惯，对字句进行反复推敲，审慎使用。

3. 学会用"重点标题"的模式思考谈话内容

所谓"重点标题"模式，就是把要说的话分成几个部分，每一个部分提炼出一个标题，熟记于心，这样讲起话来就会井井有条，不会出现离题万里的情况。

总之，如果你想成为一个交谈的高手，那就得先学会少说多听，该说时说，不该说时就闭上自己的嘴巴，这样你才会受到他人的欢迎。

古德定律：准确把握对方的观点，才能驾驭全局

人们常说，"有一百个读者就有一百个哈姆雷特"，看莎士比亚的《王子复仇记》，人们对主人公哈姆雷特的感觉迥然不同，一百个读者将可能幻化出一百个各自不同的王子形象。同样的道理，同样一个人说话，不同的听者对他观点的理解也会有所偏差。这是因为人们之间存在各种沟通位差，对同一件事也会有不尽相同的理解。

但是这种对言语理解上的差异常常被忽略，人们总以为自己说出的话，听者没有异议，就等于听懂，这其实是主观感觉，也是过高的期望值。实际上"对牛弹琴""曲高和寡"，或"言者无

心，听者有意"等现象，在沟通中普遍存在。于是，因为不能准确地把握别人的观点，沟通的失败也就在所难免。

因此，如果我们能准确地把握对方的观点，得知对方的想法，那么沟通将会取得最大程度上的成功。这就需要提到沟通中的"古德定律"。古德定律是美国心理学家 P.F. 古德提出的。他认为，人际关系交往的成功，靠的是准确地把握他人的观点。即有的放矢，方能无往不胜。如果我们不知道别人想什么，那么，无论你做什么说什么也不过是徒劳。

古德定律强调了人际交往中要会"换位思考"，也就是学会"善解人意"。比如，在一个家庭中，如果有一个善解人意的妻子能体谅、体贴丈夫。这个家庭一定会和睦美满，夫妻也容易沟通。这种妻子不光有教养，关键是她们懂得换位思考，凡事能够站在丈夫的立场、角度来感受、考虑与权衡，从而做出与丈夫相近的判断与决定，与丈夫有"所见略同"的智慧和"不谋而合"的默契。

当然，善解人意不单是女子的传统美德，是所有人的美德。一个员工或者领导者，只要学会了换位思考，他就容易善解人意，能够较为准确地把握别人的观点，使沟通步入佳境，获得顺畅与成功。

曹操很喜爱曹植的才华，因此想废了曹丕转立曹植为太子。当曹操将这件事征求贾翊的意见时，贾翊却一声不吭。曹操就很奇怪地问："你为什么不说话？"

贾翊说："我正在想一件事呢！"

曹操问："你在想什么事呢？"

贾翊答："我正在想袁绍、刘表废长立幼招致灾祸的事。"

曹操听后哈哈大笑，立刻明白了贾翊的言外之意，于是不再提废曹丕的事了。

曹操提的问题对于身为下属的贾翊来说非常棘手，稍有不慎就会引起龙颜大怒。而贾翊并没有正面地回答问题，这一点相当聪明，既避免了冒犯领导权威，也没有给人阿谀奉承的感觉。这正是建立在准确理解领导背后意图的基础之上的。

通常，在公司员工与员工、员工与领导者之间的沟通活动中，不论是员工还是领导说话，其实都很难被听者百分之百理解和接受，尽管听者没有表示异议，甚至连连点头称是，却难保听者听懂了，更难保听者是否准确把握了言者的观点。也难怪，许多沟通虽反复多次交谈，却不能奏效，可能正缘于言者观点未能被听者准确把握，甚至听者根本没诚意听，沟通归于失败就是自然的事情。

李平准备借助于好友刘兵的帮助做生意，在他将一笔巨款交给刘兵后，刘兵不幸身亡。李平立刻陷入了两难境地：若开口追款，太刺激刘兵的家人；若不提此事，自己的局面又难以支撑。

帮忙料理完后事，李平对刘妻说了这样一番话："真没想到刘哥走得这么早，我们的合作才开始呢。这样吧，嫂子，刘哥的那些朋友你也认识，你就出面把这笔生意继续做下去吧！需要我跑腿的时候尽管说，吃苦花力气的事我不怕。"

他丝毫没有追款的意思，还很豪气，其实他明知刘妻没有能力也没有心思干下去，话中又蕴含着巧妙的提醒：我只能跑腿花力气，却不熟那些生意，困难不小又时不我待。

结果呢？倒是刘妻反过来安慰他说："这次出事让你生意上受损失了，我也没法干下去了，你还是把钱拿回去再想别的方法吧。"

如果我们能站在对方的立场上看问题，用真情打动他，引起他情感的共鸣，一般情况对方是会理解的。上述案例中李平只字未提追款一事，相反还让对方先开了口。试想，如果他直接说出来会有多尴尬。他的巧妙之处在于说了一席站在对方立场考虑的话，将心比心，对方自然也能站在他的立场思考问题，不知不觉中就说出了李平想说的话。

因此，在沟通中，我们要尽量准确地去把握别人的观点，这就需要我们站在别人的角度去考虑问题，说话时要学会"换位思考"，用"善解人意"准确把握对方的观点，否则就会影响到沟通的效率和成败，严重时会导致人际关系陷入僵局。

首因效应：巧妙利用第一印象俘获人心

在人与人的交往中，初次见面，彼此便留给别人深刻的印象，无论是你说了什么话，做了什么事，在别人的心目中，都会留下烙印。这个烙印就是你的符号，也是你给他人的第一印象。

在与陌生人的交往过程中，所得到的有关对方的最初印象称为第一印象。第一印象并非总是正确，但却总是最鲜明、最牢固的，并且决定着以后双方交往的过程，在对方的头脑中形成并占据着主导地位，这种效应即为首因效应。

我们常说的"给人留下一个好印象"，一般指的就是第一印象，这里存在着首因效应的作用。

首因效应是由美国心理学家洛钦斯首先提出的。首因效应作用最强，持续的时间也长，比以后得到的信息对于事物整个印象产生的作用更强。因此，在交友、招聘、求职等社交活动中，我们可以利用这种效应的积极作用，展示给人一种极好的形象，为以后的交流打下良好的基础。

美国总统林肯曾经接见了一个朋友推荐的人，但是林肯最后拒绝了这个才智过人的人才，理由是相貌不过关。在朋友愤怒地指责林肯不应该以貌取人的时候，说了这样的话："任何人都无法为自己天生的面孔负责。"林肯却回应道："一个人过了40岁，就应该为自己的面孔负责。"

据说哈佛教授经常给新生们讲述林肯这个以貌取人的故事，他们说："我们暂且不管林肯以貌取人是否有其可圈可点之处，重要的是我们不能忽视第一印象的巨大影响和作用，尤其在这个人才济济的时代，外表似乎越来越成为一个人能否给他人留下深刻印象的重要衡量标准。"

哈佛心理学教授解释说，在与一个人初次会面时，我们会在

45 秒钟内产生第一印象。这一最初的印象对我们的知觉产生较强的影响，并且在我们的头脑中占据着主导地位。

当不同的信息被排列在一起的时候，人们总是倾向于重视排在前面的信息。退一步说，即便人们对后面的信息保持同样的重视度，也会认为后面的信息是非本质的、偶然的。通常，人们的习惯是按照前面的信息解释后面的信息，当后面的信息与前面的不一致时，就会否定后面的信息而服从前面的信息，使整体印象保持一致。

一个新闻系的毕业生正急于寻找工作。一天，他到某报社对总编说："你们需要一个编辑吗？""不需要！""那么记者呢？""不需要！""那么排字工人、校对呢？""不，我们现在什么空缺也没有了。""那么，你们一定需要这个东西。"说着他从公文包中拿出一块精致的小牌子，上面写着"额满，暂不雇用"。总编看了看牌子，微笑着点了点头，说："如果你愿意，可以到我们广告部工作。"

这个大学生通过自己制作的牌子表达了自己的机智和乐观，给总编留下了美好的第一印象，引起其极大的兴趣，从而为自己赢得了一份工作。我们可以看到第一印象相当重要。有时候，首因效应所带来的影响，可以决定一个人的前程甚至命运。因为它主要体现在先入为主上，这种先入为主给人带来的第一印象是鲜明的、强烈的、过目难忘的。对方也最容易将你的首因效应存进他的大脑档案，留下难以磨灭的印象。

虽然我们也知道仅凭一次见面就给对方下结论为时过早，首因效应并不完全可靠，甚至还有可能会出现很大的差错，但是，绝大多数的人还是会下意识地跟着首因效应的感觉走。

在生活节奏较快的现代社会，很少有人会愿意花较多的时间去了解一个给他留下不好第一印象的人。因此，我们若想在人际交往中获得别人的好感和认可，就应当给别人留下良好的第一印象。

在日常交往中，我们要提醒自己，尤其是与别人初次交谈时，一定要注意给别人留下美好的印象，包括姿态、谈吐、表情、衣着打扮等。具体要注意以下两点：

1. 要注重仪表风度

一般情况下，人们都愿意同衣着干净整齐、举止落落大方的人接触和交往。与人见面交谈，要注意面带微笑，这样可以给人留下热情、善良、友好、诚挚的印象。注重仪表，至少让人看起来干净整洁。这样容易给人留下严谨、自爱、有修养的第一印象，尽管这种印象并不总是准确。我们却不能忽视第一印象的巨大作用，无论外在和内在，我们都应该格外注重。

2. 要注意言谈举止

想要给人留下难以忘怀的好印象，还要做到言辞幽默、侃侃而谈、不卑不亢、举止优雅。言谈要恰到好处，使自己显得可爱可敬，同时还要尽量发挥自己的聪明才智，以在对方的心中留下深刻的第一印象。

当然，在社交活动中，利用首因效应给人留下很好的印象，只是一种暂时的行为，要想与对方有更深层次的交往还需要我们完善自己的修养和品格。

近因效应：最后一句话往往最能决定谈话效果

所谓"近因"，是指个体最近获得的信息。近因效应与首因效应相反，是指在多种刺激一次出现的时候，印象的形成主要取决于后来出现的刺激，即交往过程中，我们对他人最近、最新的认识占了主体地位，掩盖了以往形成的对他人的评价，因此，也称为"新颖效应"。

毕业生小林是个相貌平平的男孩，到一个单位参加面试，进考场后，考官只轻描淡写地问了他是哪个学校毕业的，是哪个地方的人等几个问题后，就说面试结束了。正当他要离开考场时，主考官又叫住他，说："你已回答了我们所提出的问题，评委觉得不怎么样，你对此怎么看？"小林立刻回答："你们并没有提可以反映出我的水平的问题，所以，你们也并没有真正地了解我！"考官点点头说："好，面试结束了，你出去等通知吧。"结果是录取通知书如期而至。

最近、最后的印象，往往是最强烈的，可以冲淡在此之前产生的各种因素，这就是"近因效应"。其实，考官第一次说面试结束，只是做出的一种设置，是对毕业生的最后一考，想借此考查一下应聘者的心理素质和临场应变能力。如果这一道题回答得精彩，大可弥补首因效应的缺憾；如果回答得不好，可能会由于这最后的关键性试题而使应聘者前功尽弃。

在社交活动中，近因效应也得到许多应用。比如你到饭店去吃饭，点了丰盛的酒水菜肴，酒足饭饱、快要结账的时候，服务员会给你免费送上一盘水果，这时你会感到很愉快。其实这为的是拉住你做他的"回头客"，下次再来光顾。

美国的航空公司服务精良，一路上让乘客都很满意，但下了飞机，乘客却要在行李处等候6分钟才能取到自己的东西，于是人们就报怨，说航空公司服务质量差，运送行李的速度慢得令人难以忍受。后来有个心理学家出了个主意，他让航空公司派人在乘客下机以后，马上就热情地招呼他们跟随着去取行李，绕了一圈，走了7分钟的路，一到行李处，人们马上就拿到了行李，于是他们纷纷称赞航空公司的高效率。

其实这就是近因效应在起作用。相对来说，随着时间的流逝，前面发生的事容易被最近发生的事所湮没。这是一种心理误区，它使我们做出了与客观事物不完全一致的判断。尽管这种心理定式并非一种全面客观的评价，但却是大多数人都存在的心理现象。

在日常的人际交往中，近因效应带给人们一些启示，我们要更好地利用它，创造良好的人际关系。

1. 做人说话要首尾一致

虽然首因效应强调了良好的第一印象可以给自己加分，但近因效应也让我们明白，与人交往时，最后一句话也决定着谈话效果。所以，交往中不仅要重视开头，也要注意有一个好的结尾，否则，再好的"第一印象"也无法保证"近因效应"的负面影响。

2. 说话语序不同影响效果

由于近因效应往往因为最后的一句话决定了整句话的调子，所以语序不同表达的效果也完全不同。有时尽管你有心讲出令人感到痛快的话，但是如果最后一句话是悲观的语调，整句话就呈现出悲观的气氛。

例如，向考生说："随便考上一个学校，应该没有什么问题吧？虽然录取率那么低。"或者说："虽然录取率那么低，总能考上一个学校吧？"这两句话的意思是一样的，只因语句排列的顺序不同，但给人的印象全然不同。前者给人留下悲观的印象，后者则相反，给人一种乐观的印象。

3. 批评之后莫忘安慰

美国某职业棒球队的一位名投手，由于某一个后进球员犯了不该犯的失误，气得他当场把棒球手套狠狠地摔在地上，然而在比赛之后，他还是上前拍拍那个后进球员的肩膀说："不要难过，我知道你也尽了力，好好加油吧！"这是一句多么适时而得体的安慰话。

因此，生活中，我们在不得不批评他人的时候，千万别忘了在批评之后加上一句："其实，你还是很不错的。"尽可能使它产生一个良好的近因效应。

自己人效应：将对方拉进自己战壕

生活中两个人初次见面，经常会询问籍贯、学业、工作之类的问题，有时候会惊喜地发现对方是自己的老乡或校友。这样，就可以拉近彼此的心理距离。接下来，如果有什么事想要对方帮忙，也会比较容易了。

在这样的人际交往中，其实人们已经不知不觉地利用了"自己人效应"，就是让对方把自己当作他的"自己人"，使关系迅速拉近。

自己人效应，又叫作"亲和效应"，指的是在人际沟通过程中，人们常常会因相互之间存在某种共同或者近似之处，而感到彼此更易接近，而这种彼此接近，一般又会让交往对象萌生亲切感，并更加体谅。

在人际交往与认知中，人们常常存在一种倾向，也就是对自己比较亲近的对象会更乐意接近。如果双方关系良好，一方就更容易接受另一方的某些观点、立场，甚至对对方提出的为难的要求，也不太容易拒绝。

在人际沟通中，人与人之间会相互影响。这种影响有时是有意的，有时却是无意的，我们可以利用这种"有意"的影响，与人建立良好的关系。

苏联最受广大青年学子欢迎的演讲家加里宁被邀请在一个中

学发表演讲。加里宁的演讲是这样开头的：

"亲爱的同学们，我也经历过像你们这样的学生时代，我深知作为一名在校学生的追求和梦想。我的想法跟你们现在的想法一样，就是能好好学习，取得优异的成绩。这不但是你、我的希望，也是家长的愿望，更是政府、社会以及老一辈人对你们的共同期望！"

加里宁在演讲的一开始就从自己的经历入手，坦言自己也经历过这样的学生时代，而且表示自己理解作为学生的心理感受，从而吸引同学们的注意力，缩短彼此的心理距离，让台下的学生感到亲切，激发认同感，从而产生共鸣。这样，听众便会对这个"自己人"所说的话更加信赖，也更容易接受。

用"自己人效应"激发共鸣要找到与听众心灵沟通的连接点，寻找出与听众心心相印的共鸣区，其实并不难。情感、地位、目的、经历等都能在听众中间产生"自己人效应"，引起听众的共鸣。

英国首相丘吉尔在第二次世界大战期间在美国做圣诞演说时曾这样讲道："我今天虽然远离家庭和祖国，在这里过节，但我一点也没有异乡的感觉。我不知道，这是由于本人的母亲血统和你们相同，抑或是由于本人多年来在此所得的友谊……在美国的中心和最高权力的所在地，我根本不觉得自己是个外来者，我们的人民讲着共同的语言，有着同样的宗教信仰，还在很大程度上追求着同样的理想。我所能感觉到的是一种和谐的兄弟间亲密无间的气氛……"

不可否认，首相的"自己人策略"的确奏效了，他轻松地"俘虏"了听众的心。丘吉尔从友谊、情感等角度导出了"我们""本人的母亲血统和你们相同""一种和谐的兄弟间亲密无间的气氛",这样的讲话产生了异乎寻常的"自己人效应",激发了听众强烈的共鸣,获得极大的成功。

利用"自己人效应"强化我们在对方心中的印象,就是要让对方确认我们是他的"自己人"。林肯引用过一句古老的格言说:"一滴蜜比一加仑胆汁能够捕到更多的苍蝇。人心也是如此,假如你要别人同意你的原则,就要先使他相信:你是他的忠实朋友,即'自己人'。用一滴蜜去赢得他的心,你就能使他走在理智的大道上。"

在与人交谈的时候,促使对方产生"自己人"的认同感,要注意以下几点:

1. 保持相互平等

要想得到他人的信任,首先要和对方缩短距离,与之平等相处。在保持相互平等时,最容易被忽视的就是交往中的用语问题。举个简单的例子,在某次公开谈话中,如果我们说"希望在座各位献计献策",这就像以居高临下的态度在命令大家,容易被人理解为对人不尊重。如果改说"我们一起商量",就承认了大家具有平等的地位。

2. 要对别人感兴趣

美国著名的人际关系学大师卡耐基曾说:"你要是真心地对别人感兴趣,两个月内你就能比一个光要别人对他感兴趣的人两年内所交的朋友还要多。"

纽约一家电话公司曾做过一项有趣的调查,结果发现在电话交谈中出现得最多的词竟是第一人称的"我"。这说明人们总有一种"想要让别人对我感兴趣"的心理趋向。因此，我们应该活学活用"自己人效应"，调整这一心理趋向在交谈中产生的影响，使之尽量对我们产生有利的影响。在交谈中，先要对别人感兴趣，然后才是让别人对我们感兴趣。

3. 给人以可信感

在与人交谈时，必须让人感觉到我们的话说得中肯，这样才能增强信息传递的效力。这就要求我们在与人交谈时要说真话，保持自己在他人眼中的可信度。这一点看似简单，却是最难坚持的，无论是在日常生活中，还是在工作中，要坚持让自己言行一致，该说的话诚恳地说，不该说的话不要信口开河。

牢骚效应：牢骚宜疏不宜堵

哈佛大学心理学系的梅约教授组织过一个"谈话试验"。具体做法就是专家们找工人个别谈话，而且规定在谈话过程中，专家要耐心倾听工人们对厂方的各种意见和不满，并做详细记录。与此同时，专家对工人的不满意见不准反驳和训斥。这一实验研究的周期是两年。在这两年多的时间里，研究人员前前后后与工人谈话的总数达到了两万余次。

结果发现：这两年以来，工厂的产量大幅度提高了。经过研究，他们给出了原因：在这家工厂，长期以来工人对它的各个方面有诸多不满，但无处发泄。"谈话试验"使他们的这些不满都发泄出来了，从而感到心情舒畅，所以工作干劲高涨。这就是牢骚效应。

牢骚效应告诉我们：人有各种各样的愿望，但真正能达成的却为数不多。对那些未能实现的意愿和未能满足的情绪，千万不要压制，而是要进行疏导，使之发泄出来，这对人的身心发展和工作效率的提高都非常有利。

在希尔顿21岁那年，父亲把一个旅店经理的职务交给了他，同时给他转让了部分股权。然而，在这段时期，父亲却经常干预他的工作，也许是父亲总觉得儿子还太年轻，事业尚未稳固，如果儿子一旦失误可能会给家族事业带来重大打击。而对希尔顿来说这是一件非常让人恼火的事，他觉得自己有职无权，处处受父亲的制约之苦。

后来，当希尔顿日后有权任命他人时，总是慎重地选拔人才，但只要一下决定，就给予其授权。这样，被选中的人也有机会证明自己是对还是错。事实上，在希尔顿的旅馆王国之中，许多高级职员都是从基层逐步提拔上来的。由于他们都有丰富的经验，所以经营管理非常出色。希尔顿对于提升的每一个人都十分信任，放手让他们在各自的工作中发挥聪明才智，大胆负责地工作。

如果下属中有人犯了错误，希尔顿常常单独把他们叫到办公室，先鼓励安慰一番，告诉他们干工作的人都难免会出错的。然后，他再帮他们客观地分析错误的原因，并一同研究解决问题的办法。希尔顿之所以对下属犯错误采取宽容的态度，是因为他认为，只要企业的高层领导，特别是总经理和董事会的决策是正确的，员工犯些小错误是不会影响大局的。如果一味地指责，反而会打击一部分人的工作积极性，从根本上动摇企业的根基。希尔顿的处事原则，是使手下的全部管理人员都对他信赖、忠诚，对工作兢兢业业，认真负责。

牢骚效应实际上讲的是一个"堵"与"疏"的问题。这就像一个水池一样，当流通不畅，慢慢地就会堵住了，水从上边溢出来了。当流通顺畅时，杂质就随下水流走了，水池就不会堵了。不让职工发牢骚，职工的不满情绪无法发泄出来，就会导致：一是公司死气沉沉，如死水一潭，没有活力，形成无声的抗争；二是一旦爆发，就会矛盾激化，无缓冲期，搞不好闹成劳资双方两败俱伤。为此，建立公司的上下沟通机制，给员工发牢骚的机会，让员工的不满都发泄出来，才会心情舒畅地投身到工作之中。其实，在日本，很多企业都非常注重为员工提供发泄自己情绪的渠道。松下公司就是如此。

在松下，所有分厂里都设有吸烟室，里面摆放着一个极像松下幸之助本人的人体模型，工人可以在这里用竹竿随意抽打"他"，以发泄自己心中的不满。等他打够了，停手了，喇叭里会自动响起松下幸之助的声音，这是他本人给工人写的诗："这不是幻觉，我们生在一个国家，心心相通，手挽着手，我们可以一起去求得和平，让日本繁荣幸福。干事情可以有分歧，但记住，日本人只有一个目标：即民族强盛、和睦。从今天起，这绝不再是幻觉！"当然，这还不够，松下说："厂主自己还得努力工作，要使每个职工感觉到：我们的厂主工作真辛苦，我们理应帮助他！"

正是通过这种方式，使松下的员工自始至终都能保持高度的工作热情。日本公司的这种做法被世界许多国家的企业借鉴。在美国的有些企业，有一种叫作 HopDay（发泄日）的制度设定。就是在每个月专门划出一天给员工发泄不满。在这天，员工可以对公司同事和上级直抒胸臆，开玩笑、顶撞都是被允许的，领导不许就此迁怒于人。这种形式使下属平时积郁的不满情绪都能得到宣泄，从而大大缓解了他们的工作压力，提高了工作效率。

美国企业提供了一种给所有员工更好的沟通机会，起到了调节气氛的作用。能将一种消极的发泄变为积极的提供建议，显示了这位美国经理的高人一筹。当然，无论是发泄还是提建议，其本质都是沟通。只要渠道通畅，就都能取得好的效果。

在沟通过程中，要想更好地应用牢骚效应还要注意以下事项：

1. 要建立适合的制度，分清哪些牢骚是允许的，哪些是不被允许的。

2. 员工的牢骚宜疏不宜堵。公司里大多存在着正式和非正式的组织，而牢骚在非正式组织内传得比较快。一句真话经过多个人传后就可能变成假话，而牢骚经过多人的传播，就可能形成谣言。

第三章

风格塑造
——
打造独具一格的表达

声音：一开口就与众不同

声音是你讲话内容的载体。你的声音反映出你的感觉、你的心情和现在的状态，是你说话中强有力的、必不可少的工具。当我们与听众交流思想的时候，要使用许多发音组织和身体的各个部分。我们会做出这样的动作：耸肩、挥动手臂、皱眉、增大音量、改变高低调门和音调，并且依据场合与题材变换语速，以发出不同的声音来。

需要注意的是，这里所强调的是声音的效果而不是声音的原因，即物理品质。那些东西已经无法改变，而声音的效果则受到说话者的情绪、状态的影响，这就是强调说话者必须要热情的原因之一。因此，你需要一开口就与众不同。

遗憾的是，随着年龄的增长，我们中的大多数人都会失去幼时的纯真和自然，在不知不觉中落入一定的、为我们所习惯的沟通模式中去。这使得我们的说话越来越没有生气，我们也越来越不会使用手势，并且不再抑扬顿挫地提高或放低声音。总之，我们正在逐渐失去我们真正交谈时的那种鲜活和自然。

我们也许已经养成了说话太快或太慢的习惯。同时，我们的用词一不小心就会非常散乱。一再强调你在说话的时候要自然，也许你会误以为可以胡乱地遣词造句，或以单调无聊的方式表达——只要你做到了自然。其实不然。要求大家讲话自然，是要你把自己的意念完整地用词语表达出来。从另一个角度来说，说话高手绝不会认为自己无法再增加词汇，无法再运用想象和措辞，无法变化表达的形式和增强表达的效果。这些都是追求精益求精的人们所乐于去做的。

那么，如果你也想塑造自己的讲话风格，你最好注意一下自己的音量及音调的变化和说话速度。你可以把你说的话录下来，也可以请朋友给你指出来，当然，如果能让专家来给你指导的话则会更好。不过，这些都是没有说话对象的练习，跟实际说话完全不同。一旦站在人们面前，你就要将自己的全部精力投入到讲话之中，以引起对方的共鸣。

选择什么样的说话声音，完全取决于你的个性、场合以及你所要表达的感情。在一般情况下，你的发音要做到清脆而洪亮。说话清晰，才显得有自信心、目的性明确和善于表达，这会给对方泰然自若的感觉。在公众场合，如果别人的谈话正处在争论不休的阶段，你站起来说一句话，语句简短、声音洪亮，则会产生震撼人心的作用。

讲话时你的声音能够让大家都听到吗？我指的是你的声音足够大而且清晰。你所处的场合也许是三两个人的促膝而谈，在这种谈话中你可能比较容易做到这一点。事实上，这时你如果音量过大的话，反而会使人以为你在跟人争吵。但是，如果你面对的是成百上千个听众，比如站在广场上发表演讲时，你则应该尽量让更多的人听到。因为如果他们没有听到的话，他们就会忽略你所说的内容，而不是提醒你大声讲或者重新讲述。因此，你要根据情况的不同调整你的音量。

当你需要强调某一个重点的时候，你可以适当地提高音量。在某个重要的地方提高音量，可以引起大家的注意。当然，有的时候适当地降低音量也能使你达到这个目的。在任何情况下，音量的变化都可以使你突出重点。

这里有一个运用重音的例子。

一天，林肯正低着头擦靴子，有位外国外交官看见了，嘲讽林肯说：

"总统先生，你经常给自己擦靴子吗？"

"是的，"林肯答道，"你经常给谁擦靴子？"

林肯的这句话巧妙地转移了对方的重音，使自己脱离了被嘲讽的境地，并置对方于尴尬的处境。

另外，你需要使你的声音有变化。变音涉及到音高程度。如果你一直采用高音来说话，有谁愿意听这样尖锐的声音呢？而且，当你普遍地使用高音的时候，你的声音会显得过于单调。因此，你必须在音高上有所变化，这样能够使你的声音悦耳而且更有活力。与调节音量一样，当你要阐明某个观点时，变音也会使你更加积极地传达信息。你可以采取略高或略低的声音来表示你对某个观点的重视程度。

我们平时与人交谈时，声音会高低起伏不断变化，就像大海不断起伏一样。为什么会这样呢？没有人知道，也没有人关心这个问题。但是，这种方式显然能使人感到愉快，而且它也是一种很自然的方式。然而，当我们开始某种正式的讲话时，我们的声音却变得枯燥、平淡而单调，就像一片沙漠一样。当你发现自己出现以上的状况时，就要停下来反省了。

一般来说，你需要使你的声音避免出现以下这些情况：

发音含糊

如果你的牙齿紧紧靠合，或者更加糟糕些，你的双唇像腹语者一样紧闭不动，那么毫无疑问，你正在用鼻音说话。用鼻音说话导致的最大问题就是发音含糊不清。这样对方会以为你在抱怨，而你则会显得恹恹而无生气，非常消极。

听起来不确定

你必须使对方感觉到，你对你所讲的内容是非常自信的。当你的声音颤抖或者犹豫的时候，对方会以为你对所说的没有把握。如果连你自己都对你所说的没有把握的话，怎么要求让对方对它产生兴趣呢？

咕哝

不要使你的话听起来像是在自言自语。声音过低或者不清晰，听起来同样让人觉得你不确定。你可能本来就不打算让对方听到你的这些话，但是他们模糊地听到了，却不知道你讲的是什么，他们就会产生怀疑，猜测你正在说一些对他们不利的东西。

声音过高

如果你的声音像飞机降落时候的制动声，对方会感到你十分可厌，因此不去听你讲话。过高的声音会使你的讲话具有攻击性，他们会以为你正处在一种压倒、胁迫他们的立场，而这不是他们所愿意的。所以当你喊着要大家听你的话的时候，没有人会愿意听从你的意见。

尾音过低

你可能会造成这样的情况：当到了一句话的结尾或者关键的地方，你的声音慢慢地低下去，最后就没有了。这样会使句子听起来不完整。你要相信，对方不会愿意去猜测你后面到底讲了什么东西。

令人不适的语调

无论你的意图如何，它最终都是通过声音来表达的。因此，如果你的声音里含有傲慢、蔑视或者其他消极的情感因素的话，你就会伤害听你讲话的人，或给别人不受尊重的感觉。

当你处于一种消极状态的时候，如果你将它掺杂到你的声音中，人们会把它想象得比真实情况要糟糕得多，转而分散自己的注意力。比如，你稍微的挫折感可能被理解为歇斯底里，而你的失望可能被理解为绝望。因此，你必须在你的语调中显示出你真挚的感情来，这样才能以积极的方式去吸引对方的注意力。

夹杂乡土口音

要想声音娓娓动听，最好不要夹杂地方口音。当然，如果你确实要用的话，你必须运用某种方法进行强调，而不要让人们以为你的发音不标准。

节奏：说话不能拖泥带水

你肯定希望自己给人干练、明快的印象，那么，你必须掌握好说话的节奏。影响说话节奏的主要有两个因素：讲话的快慢和说话内容的简繁。

在语言交流中，讲话的快慢程度会影响你向对方传达信息。速度太快就如同音调过高一样，会给人以紧张和焦虑的感觉。如果你说话太快，以至于某些词语模糊不清，他人就会听不懂你所说的东西；而节奏太慢又会表明你过于拖沓、过于迟钝。

华特·史狄文思在《记者眼中的林肯》一书中说道：

"他（指林肯）会以很快的速度说出几个字，但是遇到他希望强调的词句时，就会拖长声音，一字一句说得很重。然后，他会像闪电一样迅速地把整个句子都说完……他会尽量拖长所需要强调的字句，差不多与说其他五六句不重要的句子所使用的时间一样长。"

比如，"今天我们要向大家介绍的就是我们公司的这款商品。"当你在说这句话的时候，你可以先用平缓略低的声音说到"公司的"这三个字为止，然后稍作停顿，热情地大声说出"这款商品！"利用这种技巧你一定能够收到意想不到的效果。

社交语言要简洁、精练，并尽可能地承载更多和更有用的信息，这样才能使你的说话节奏明快，使听众觉得你果断、直接和对说话内容肯定。如果空话连篇、言之无物，你的说话节奏必然拖沓，并且似乎很犹豫，好像在回避什么东西似的。

有的说话者在表达自己观点的时候讲得太多，而且持续的时间太长。前面举过一个例子，即林肯的葛底斯堡讲话。当时林肯只讲了两分钟，全篇讲话才不过226个字，但是爱德华·伊韦瑞特却讲述了两个小时。结果是，林肯获得了成功。

为了使你的说话不拖泥带水，你的信息最好简短直接。你需要注意的是：

直接

你需要直接地向对方表达你的意思。你需要尽快抵达主题，让你的主要意思清晰明了。有的人总喜欢旁敲侧击，但是这容易分散对方的注意力。

简单明了

当你在说明你的重要观点的时候，词汇或句子越少越好。一句老话这么说："我问你几点钟，你不用告诉我表的工作原理。"

可是现实情况是，明明可以用少数词句就可以表达清楚的观点，人们总是喜欢用过多的词句，甚至堆砌故事、人物、数字来说明他的主题。你需要避免过多的修饰，它只会损害你的表达。

你应该知道下面这位父亲在说话时的错误：

一个十几岁的孩子第一次参加正式的舞会，他的父亲这样教导他说：

"你也许不应该在今晚的舞会之前、之中或之后喝酒。"

像"也许"这样缺乏说服力的限制词或关联词，听起来叫人不那么肯定你要表达的究竟是什么意思，对方可能不明白你所肯定的是什么。你不仅不能给对方以果断、直接和坚决的印象，还会使你的表达不够简洁。

集中一点

你可能会让你的主题有多个，这将使你和对方的精力都被分散。实际上，你要把一个主题讲得很透彻都十分困难，所以更不可能把每个主题都讲透。如果非得这样，那么每个主题你都只会浅尝辄止，因此跟对方讨论各种话题会影响你主要观点的表达。

另外，许多人总喜欢注重细节的描述。你可以描述细节，但是必须注意一个前提，即不能影响你的主题的表达。如果你过于重视这些细节，你的信息重点就会不清晰。千万不要让对方以为，在理解你的观点时需要付出多么艰难的努力。大多数人都不愿意这么去做。通过你的表达，使对方得到重要的信息，这才是最重要的。

体态：无声语言是有声语言的辅助

体态语指的是通过表情、身体姿势和手势传达信息的一种肢体语言。据说，在讲话者所要表达的所有信息中，通过非语言渠道传递的信息占了93%，其中38%来源于声音、语调等因素，而另外的55%来源于表情、身体姿势和手势等体态语。

因此，如果你不想对方对你产生"他懒吗""病了吗""累了吗"之类的猜测的话，那么，你最好不要显得那样。当然，如果你想发挥出色的话，这样还远远不够。

为林肯作传记的柯恩登这样写道：

"林肯更加喜欢用脑袋来做姿势，他会经常甩动头部。当他想要强调某个观点的时候，这种动作特别明显。有时，这种动作会戛然而止……随着演讲的进行，他的动作会越来越随意，最后趋于完美。他有完全属于自己的自然感和特点，这使得他变得很高贵。他瞧不起虚荣、炫耀和做作……有时为了表示喜悦，他会高举双手大约成50度，手掌向上，看起来好像要拥抱那种情绪。当他想表现厌恶时——比如对黑奴制度——他就会举高双臂、握紧拳头，在空中挥舞，表现出强烈的厌恶感。这是他最有效的手势，表现了他最坚定的决心，看起来他好像要把这些东西扯下来烧了一样。他总是站得很规矩，双脚并齐，绝不会一脚前一脚后，也绝不会扶在什么东西上面。在整个演讲中，他的姿态和神态只有稍微的变化。他也绝不乱喊乱叫，不会在台上走动。为了使双臂轻松，他有时也会用左手抓住衣领、拇指向上，而只用右手来做手势。"

圣·高等斯根据林肯演讲时的一种姿态为林肯雕了一座雕像，立在林肯公园内。你没有必要一定要模仿林肯的姿势，但是需要注意你的姿势却是一定的。

面部表情

你首先要注意你的面部表情。如果说眼睛是心灵的窗户的话，那么脸就是心灵的外观。你的所有情绪都写在你的脸上——如果你不是一个善于控制情绪的人的话。无论如何，你可以而且往往会通过表情传达更多的信息。表情有喜怒哀乐，但是对说话的人来说，一般情况下最重要的表情是微笑，它是拉近你和对方距离的最简单有效的方法。

当然，还有更多，这要看你的说话内容而定了。

手势

这里将重点讲述手势语，主要讲当你站着讲话时的手势。这个时候，手势是最自由和最强有力的体态语，也正是这个原因，人们往往也最容易犯错误。

在你开始讲话的时候，最好忘记自己的手，你不用担心会失去它。它们会很自然地下垂在身体两侧，那是最好的一种姿态。当然，在需要的时候，你会记得用它们来做出恰当的手势的。

形象：让别人更容易接受

东方有句话叫作"人不可貌相"，说的是我们不能以貌取人。但是，我们不难发现，人们虽然知道这个道理，但在与人交往的时候，往往还是最先从一个人的外貌去作判断，揣测这个人是什么样的。尽管这种方法十分片面、很不科学，但是却形成了一种社会现象。因为我们在与人交往时，给我们直接的、真实的感觉的就是一个人的形象。至于他的内在，比如涵养和性格，都只能经过较长时间的观察才能得出。

具体说来，形象是说话者文化素养和情趣的反映，它微妙地作用于人的大脑，完成了语言难以完成的效果。如果你注意你的形象，争取在第一时间给人好的印象，那么这将有助于你得到别人的认同。比如说，你给人一种诚恳的感觉的话，别人可能对你产生一种信赖感，从而也相信你所说的话。

你可能非常相信你的老师所说的话，也更加容易被一个你仰慕已久的专家所打动。如果对方是一位总统的话，你可能毫不犹豫地认为他所说的话是对的，这在很大程度上是因为对方在你心目中的形象十分可信。假设你在街上邂逅一个陌生人向你推销商品，如果对方衣冠不整、口齿不清，你多半会认为他卖的是伪劣产品；而如果对方衣冠楚楚、谈吐不凡，你很有可能相信他介绍的产品的优点是真的，从而把它买下。

另外，社会学家发现，我们往往在 7 ～ 20 秒内就对别人进行了判断，这就是对方在我们心目中留下的印象。而这种在极短时间内形成的印象，日后也很难改变，甚至可以延续一辈子。这就是我们为什么本能地喜欢或讨厌一些人的原因。

我们可能会有这样的感觉：如果一个人给你的第一印象很好的话——假如他看起来很自信、对人真诚——那么你可能对他产生相当的好感，转而更加相信他所说的话。事实上，这是所有人都有的感受。

面对说话者，我们的第一印象确实十分重要，这几乎可以影响到自己对对方的所有判断。比如，面对同一个演讲者，如果他给你的第一印象好的话，那么不论他讲得好不好，你都会认为他讲得好；而如果他给你的第一印象坏的话，他即使讲得再好，在你的心里仍然要大打折扣。这个印象对判断他以后的演讲仍然有一定的影响。

既然事实如此，你如果想给人好的印象，使他对你的话更加相信的话，就只有更加注意自己的形象，尤其是给人的第一印象。良好的第一印象是成功交往、创建融洽的人际关系的良好开端。关于形象的建立，具体说起来非常复杂，因为它包含了许多内容。而前面所讲的很多内容仍然有效，比如，有艺术地说话，就能够使你看起来比较可信，因此也有利于在别人的心目中建立你的良好形象。现在着重补充以下的内容：

衣着形象

衣着是信息的一部分，人们对衣着会有自己各种各样的判断。我们应该知道为什么在店铺里穿着好的人会比穿着简陋的人得到更好的服务。一个娱乐节目的主持人，如果他穿着一套笔挺的西装的话，可能会显得比较尴尬；而一个政府发言人，如果他穿着一套休闲服装的话，人们可能不大相信他所说的话，甚至可能以为他是冒牌的。至少你也应该做到让人看起来顺眼，而不是相反。

如果需要更高一点儿的要求，那就是：衣着应该支持你的观点，而不是转移它。对说话人而言，更重要的一点就是看起来可信——如果你穿着合适的话。

一个人的穿着打扮，包括服饰的颜色、式样、档次和搭配，以及饰物的裁剪，都与他的性格爱好、文化修养、生活习惯有关系。心理学家发现：一个注重穿着打扮的人，他的责任心和可信度会比较高。

你在穿着方面应该注意以下的问题：

装束要适度。你要让对方注意的是你的讲话，而不是你吸引人的衣服。

要擦亮你的皮鞋。你在台上的时候应该更加注意这一点。

穿着要舒适。不要让领带勒紧你的脖子，这会让你看起来很费劲。

不要把你的衣服口袋塞满。这会让你看起来像是刚从杂货店出来。

不要让你的铅笔等物品从衬衫口袋或西服口袋里面露出来。这会让你看起来很令人讨厌。

礼貌待人，主动热情

不要让自己看起来冷冰冰的，这会让人觉得你很高傲，从而打消跟你交往的念头。你要举止得体、彬彬有礼，而不要看起来很莽撞、没有一点儿涵养。主动热情则要求你在交往的过程中表现为喜欢、赞美和关注他人。如果你做到了这一点，对方会认为你说的话确实是从他们的角度进行考虑的，从而更加愿意相信你所说的话。

求同存异，缩小差距

平等是交往的首要原则。如果你看起来高人一等的样子，你会使人产生反感情绪；相反，如果你随时都附和别人的观点，那么人们也会认为你没有自己的主见。

相似是交往的另一个原则。你如果和他人在兴趣爱好、观点态度，甚至年龄、服饰等方面差距较小，就会较容易和他拉近距离，从而消除陌生感，尽快地从心理上靠近对方。

了解对方，记住特征

每个人最关心的都是自己。如果你对他的个人问题表示出一定的关心的话，你会给他一种被尊重的感觉。在了解了他人之后，如果你打算更进一步地交往的话，你需要把你们的话题转换到他感兴趣的事情上来。

比如，如果对方喜欢养花的话，你可以跟他谈谈养花的逸闻和趣事，或者表示你对玫瑰的历史有相当的兴趣。不过，千万不要请教太高深的问题，如果对方回答不出来的话，他容易迁怒于你。

修辞：让话语更有分量

耶稣在解释"天国"时，采用了一种非常好的方法，那就是运用人们熟悉的东西来说明他们不熟悉的东西。比如，他说：

"天国就像酵母，人们把它放到玉米粉里面，它就会全部发酵完毕……"

"天国就像寻找珍珠的商人……"

"天国就像撒入大海中的网……"

在这里，"天国"可能不是人们所熟悉的，而酵母、商人、网则是为大家所熟悉的东西。耶稣采用了这样一种巧妙的方式，运用两者类似的地方进行比较，就更加容易让人明白。

你是不是有时候也会这么去做？当你想要对方快一点儿的时候，你可能会对他说："希望你弄完的时候，我还不至于变成'木乃伊'！"你和对方都知道，你至少在这么短的时间里变不成"木乃伊"，但是你却很明显地夸大了事实。实际上，在说话的时候，如果你想要强调某一点，适当地运用一些夸张将是一个非常好的办法。而如果你想说明某人的做法可能会产生严重后果的话，你也许会说："你这样做，就好像是打开了潘多拉的盒子。"而他肯定也知道你说这话的意思。

如果你现在正在跟一个古希腊人辩论，你的好处将是，在这里没有你讨厌的律师；而坏处是，你必须自己为自己辩护。正是因为这样，如果想要在辩论中取胜，你必须采用各种各样类似上面所举的例子那样的方法来改善自己的话语，以使它更有分量，使人们更加相信你。而这种方法就是通常所说的修辞。如果你注意了的话你就会发现，律师之所以能言善辩，正是因为经常用到它。

上面所举的两个例子是两种十分常见的修辞方法，耶稣用的那种是比喻，而你在说自己变成"木乃伊"时所用的是夸张。修辞方法除了上面两种外，还有许多种。你不用因为需要掌握这么多修辞方法而烦恼，实际上，正是因为它多，才使你的说话变得更有说服力。这里将就几种主要的、对你来说可能容易掌握的修辞方法进行简略的说明。

引用

实际上，这种修辞方法是我们最常用到的。卡耐基就经常在书里大量地引用著名演讲家和学员的故事来说明他的观点，事实证明，这样的确收到了很好的效果。

反复

也就是以相同的节奏重复同一个意思。这样做的好处是，你不仅能够把听众的注意力吸引住，从而让他们知道你的主要观点是什么，而且能够将你的主要思想与整个演讲融为一体。比如，一个演讲家在谈论某个部门的时候说：

"这个系统，它有着糟糕的公众服务，政府雇员的数量却远远超过了工厂。

"这个系统，它有着一个好管闲事的政府，每时每刻都准备插手你的商业事务和私人生活。

"这个系统，它吞噬了整个国家将近一半的财政预算。"

通过反复，他让听众相信，这个部门确实存在很多问题而急需改革了。

对比

对比是指同时列出两个相反或者相对的事物。我们先看查尔·狄更斯在《双城记》里是如何巧妙地运用对比这种修辞手法的：

"那是最美好的年代，也是最糟糕的年代；那是智慧的时代，也是愚蠢的时代；那是信仰的时期，也是怀疑的时期；那是光明的季节，也是黑暗的季节；那是希望的春天，也是绝望的冬天；在我们前面，堆积如山，也一无所有；我们全都奔向天堂，也全都走向地狱……"

对比确实能够使原本平淡无奇的话变得精彩，使你变得很雄辩。不用去管为什么会这样，这些问题可以留给语言学家或心理学家去解答，你只要知道它有用并尽量去用就行了。

反问

当你在表达一个观点的时候，你可能会说："难道不是这样吗？"一方面，你认为事实明明就是这样的；另一方面，你可能并不需要听众回答这个问题。这时候，反问只是为了吸引听众对你的问题的注意，它常常被用在结论和过渡中。

但是有时候，它可以表达更多的意思。如果你想说服一个人，最好的方法就是举出例证反问之，这样比正面辩论要有更大的说服力。

有一次，伟大的拿破仑骄傲地对他的秘书说："布里昂，你知道吗？你将永垂不朽了。"布里昂并没有明白他的意思，问拿破仑为什么这么说。

拿破仑说道："你不是我的秘书吗？"

布里昂明白后，不甘示弱地对拿破仑说："请问，亚历山大的秘书是谁？"

拿破仑没有答上来，他赞扬布里昂说："问得好！"

你明白这段对话的奥妙吗？拿破仑的意思是，因为布里昂是他的秘书，所以会扬名。但是，布里昂却表示自己不愿意靠别人出名，所以反问了拿破仑这么一句话。他问拿破仑那句话的意思是，伟大人物的秘书不一定就会出名。但是，因为拿破仑是他的主帅，他不能直接反驳拿破仑的观点，所以用反问巧妙地表达了自己的看法。

排比

排比就是将三个或三个以上同样的句式放在一起，而不是表达同一种意思。你可能也曾经看到过这样的例子，只是没有注意而已。

排比的独特优点还在于它对任何话题都适用。无论你要讲的是什么，你总能用上这种修辞方法。

关于更多的修辞方法，你可以找相关的著作来看。

第四章

形象化的语言
——让你的表述『看得见』

gaoxiaoduihua
zenmeshuobierencaikenting
zenmetingbierencaikenshuo

为什么要视觉化

如今的听众是越来越没有耐性。他们的信息都是用视觉手段传达的，而非用嘴巴和耳朵，所以你确实需要引进视觉方式来增加你的想法的吸引力。你可以用以下这3种方式将你的想法视觉化。

（1）演示的同时讲述，这样会很明确，使人容易记忆。

（2）演示，然后再讲述，抓住人们的兴趣，这种方式提供了背景信息。

（3）演示，不讲述。因为视觉信息本身就已经够了。

大多数人都习惯口头语言交流，但是，你要抛弃从出生就开始使用的口头交流工具和交流理念，转而使用另外一套工具。

大脑左半球—冷静，以数据为导向，擅长处理文字信息，所有的观点都被转换成语言；大脑右半球—充满想象力，擅长形象思维，以视觉方式形成观点。我们要弃用左半球，启用右半球，用看的，而不是用说的。

如今，外部世界是如何和你交谈的呢？无论是政治宣传活动、电脑的自动弹出窗口、购物网站或电子邮件，所有的信息都是用视觉方式传达的。

只需想一想你在公共汽车站、地铁、机场、杂志和电视上看到的那些广告，有多少广告使用的是文字，又有多少广告使用了图片、色彩和平面设计呢？你不仅注意到它们了，而且还在很短的时间里就理解了所传达出的信息，甚至还对这些广告能够如此巧妙地传达意境赞叹不已。

事实上，现在的社会被各种错综复杂的视觉信息所包围，我们都已经习惯了去看信息，而不只是去听。

视觉信息如何影响听众

为了将你的视觉信息化，你需要了解视觉信息是如何影响人们的认知以及如何在说服听众、传达信息方面提供帮助的。

将你的信息视觉化有以下一些优点：

精确。将你的数据和观点用视觉手段显示出来，有助于听众准确地接受你传达的信息或主题，而不是凭主观想象出自己的版本。从精确性上考虑，数字、列表、事实和数据必须要显示出来。

由于经过了编辑，更加简洁、明了。将信息视觉化要求在讲述前要对内容进行编辑——从你的思想中提炼出最精华的部分。将你的想法安放在一张表格上或者显示屏的显示范围之内，这样既缩短了你说话的时间，还能让听众直击你的想法的核心部分。

提供了参与的机会。独白变成了对话，因为只听一个人说会让大家变得很被动。视觉呈现方式解放了听众，也解放了演讲者，听众不再依赖演讲者来获取信息了。他们变得更为积极主动，并且能够互相影响彼此。

吸引注意力。视觉信息可以用图像、色彩和多变的设计抓住人们的眼球。它们在一种静态的环境中制造了变化、添加了运动。转向电脑、在黑板上写字、走向投影屏幕、切换幻灯、指出你的观点等等，所有的运动都增加了人们的兴趣。

可靠性。眼见为实。你可以用统计数据、引用、书信和演示来证明你说的话都是真实的，这些为证明你的话提供了客观的证据，打消了人们的怀疑。

强化作用。让听众自己去看可以鼓励和支持独立思考的能力。重复视觉信息可以让听众立刻回想起你想表达的意思，并帮助他们去记忆。通过重复可以强化学习效果，同时它还能帮助那些开始时并没有完全理解的人追上其他人的理解程度。

更易于记忆。视觉信息更容易被记住，而一串串句子就没那么容易了。人们很难精确再现某人说过的话，除非这句话朗朗上口，或者是一些谚语。但是，人们一定能记住所看到的内容。

添加一些情绪和冲击力。视觉图像能够以一种完全不同于语言的方式，深深地影响我们的情绪。谁会忘记世贸大楼被飞机撞毁的情景？抑或是海啸平息后的惨状？我们会本能地作出反应，不需要别人的解释和说明，这就是视觉方式进行交流的真正力量和潜能。

简化复杂的事实和想法。当你用图表来表示原因和结果、各个观点间的关系时，所有的想法全部都变得如此的清晰。图表让你能够在任何一点上中断演讲，你可以在这个时候补充说明、回答问题，但绝不会失去任何一位听众。在图表上，你的想法的每一个部分都是可见的，图表显示了你的整体思路。

产生反差和比较。要教会或让别人相信某件事情，这是最快的一种方式。你要让别人相信你的点子要比他们现在用的好很多，用长篇大论说服的效果不会很好，而同时将两者的信息列出来，问题便迎刃而解。并排展示两种观点、两种思想或事实，一言不发便能说服你的听众。

你提出要对工作上的某些部分做出调整改变，如果你能将公司的现状和竞争对手进行比较，你便可以在最短的时间里获得对方的认同。

举个例子：你所在的公司建立了一个网站，但是并没有产生预期的效果，而你的竞争对手却是一帆风顺。为了说明哪些地方需要改进，你展示了双方的网站，作出了分析，并通过这张表说明了哪些部分需要改进。

人们通过自己的观察就可以发现这两者间的区别，分辨出它们的优劣，从而能够立刻得出自己的结论。然后，你可以说出你为了改变这种局面而准备的具体计划，用图表来组织你的计划。

现在让我们来试试不用对比图表，只用一张嘴是如何来讲道理的：

"大家都知道，××公司已经领先我们一步了。他们的网站用户界面很友好，顾客进入他们的网站后，很清楚接下来该做什么。当人们搜索网页时，输入许多不同的关键词都可以搜到××公司。从他们的网站还可以链接到其他的市场资源。"

希望他们能够记住你刚刚说的话。接下来你开始说明你们公司的状况：

"而我们的公司网站，在主页上好像找不到一行清楚的指示信息。并且搜索网页时出现的总是××公司的名字，而不是我们的。还有，我们看起来没能得到将网站链接到其他市场的机会。这就意味着他们在销售上已经远远地把我们抛在后面了。我们应该有所动作了。"

你认为哪种呈现方式更为迅速、有效、有冲击力却不会带来太大的压力？视觉方式很直观、一目了然，其含义不言自明。而严谨的语言表达方式只能靠你的词汇和鼓吹来说服别人。如果你将图表拿到对方面前，图表中的反差和比较就已经有足够的说服力了。

××公司的网站	我们公司的网站
1.5秒钟之内就能吸引住顾客；	1. 在主页上没有明显的标识；
2. 精华搜索；	2. 在搜索引擎中排在第6位；
3. 有许多市场资源的链接	3. 只有网站内部链接

现在你应该相信"视觉化的演说"方式的神奇效果了吧。接下来我们将学习将信息视觉化的具体方法。

将信息视觉化

1.看和听

哪些种类的信息需要用视觉方式来表现？

哪些用语言表现就足够了？

哪些需要运用这两种方式来表现？

答案是什么？这要看信息的主题内容、你的目标和你寻求的具体效果。

（1）哪一类主题需要视觉支持。

我们大脑的左半球——系统性强，擅长数据采集和列表编制，以事实为导向—它需要视觉的支持。它需要具体的图像以及明白无误、没有歧义的信息，这样才能在研究、强化和说明的时候保持信息在时间上的一致。

需要视觉支持的对象包括：

数字、事实、举例、引证、列表、趋势——如果不是亲眼所见很难记住这些信息。

只有你知道的独家数据和图像。

大家都知道的数据，但是从未在这种场合下进行展示或者从未以这种解说方式进行展示。

需要从客观数据或其他来源中获取证据和支持以保证其可靠

性的信息。

年代信息，比如说时间线，这类信息会慢慢地增加和聚积。

一些在你的谈话中不时会提到的、需要记忆的材料。

反差和比较。

（2）哪一类主题只需要口述。

如果演讲内容中没有出现容易被弄错的数字信息，仅用口头叙述就已经足够了。为了传达信息，给听众一些只能在他们心中形成的画面，你的语言、姿势和语调上的微妙变化才是表达的最佳方式。如果你要求的结果不仅仅是人们获得了事实和数据，而是让人们产生个人化、情绪化的反应，那么你必须运用语言来制造视像。

以下是只需要口述的内容和情形：

叙事性和戏剧性的材料。

和某个人有关的信息，比如说你的故事或者其他人的经历。

展现自我，让别人了解工作中的你；申请一份工作；要求加薪或者竞选公职。

激发斗志，激发他人的灵感和兴趣，获得别人对你的忠心。

激发人们的想象力。

通过一般的经验而不是事实来说服他人。

和听众进行交流，你要把自己当成一个信息的来源呈现给听众——一个有个性、有血有肉、有思想的人。如果要让听众接受你，你必须真诚地与听众交谈。你传达的信息依然是视觉化的，而且只有你才能提供这些画面。

（3）哪一类主题两者都需要。

有时你还需要将语言的和图像的材料结合起来使用。

你可能会需要用呈现大量资料的方法来表示逻辑关系和事实，或者说明你提出的新系统、新产品或新观点。

但是，要达成你最终的目的——完成交易、成功推销、承诺尝试新事物—你必须改变方式，将其升华到更个性化、情绪化的思维层面上。

现在是撤掉图表的时候了。

关闭演示软件，或者索性关闭电脑。

向前走几步，靠近你的听众，然后在桌子的一旁坐下。

或者，坐在椅子上，身体向前倾，并环顾房间里的每一个人，和他们做一些眼神交流。

接着，就开始畅所欲言吧，这是一种人与人之间的交流，充满了专注、热情和亲切。

2. 在信息上打上你的个人印记

成功的交流意味着让别人注意到你的存在，展示你独特的工作方式和得出结论的方法。

你应该以一名创作者的形象出现在别人的面前，而不仅仅是一个信息的提供者。无论如何你都需要找到一种方法，不光让别人了解你所传达的信息，还要了解你这个人，也就是说，你要让人们记住的是一个人，而不只是一段话。

（1）公司内部。

告诉他们，为了制定这份计划，你都经历了哪些情形：研究、疑惑、磕磕绊绊直到走上正轨。

回到你要展示的信息上，证明你对他们的重视：你在这份报告中提供了哪些支持措施以帮助他们理解新的想法。

如果你是领导，告诉他们你为什么坚持要实施这份计划。

结束时要向他们投以信任的目光，让他们明白计划实施的成功与否最终还得靠他们的表现。

（2）局外人推销产品或服务。

告诉对方你非常清楚某项工作的困难程度。

向对方解释你将以什么方法为他们带来支持和帮助。

举例说明，比如说你在其他公司是如何获得成功的。

结束谈话时告诉对方，虽然你随身带来的材料可以帮助你回答许多问题，但是你现在可以现场解答对方提出的任何问题。

只有通过拉近双方的"距离"才能让对方记住你：放松你的身体，形成一种自然的交谈姿势，看着对方的眼睛，让你的声音变得低沉、柔和。坦诚、直率地面对面交谈，没有幻灯片，没有任何看得见的材料。

3. 可以随身携带的材料

尽管在你展示的时候大家激情四溢，但是你每说一遍，只能有一部分的信息被别人所接受。在人们能够理解所有的信息之前，总需要时间去反复的思考。

因此，一定要留一份材料给他们。在你走后，他们就能够通过翻阅材料来理解你谈话的内容了。这份材料还为对方游说上级提供了支持。

制作若干份材料带在身边是非常有必要的，它可以在你无法到现场为产品推销的时候图文并茂地介绍你的想法和创意。

在介绍你的基本构思时，一定要告诉对方待会儿有材料要留给他们。这些材料是对你的谈话内容的支持和补充，增加了许多细节，还提供了许多参考文献作为后续的证据。

这么做可以让你的听众感到安心，他们可以放松下来，把更多的精力集中在你现场的展示上，因为他们知道自己并不需要记住每个细节。你的材料一定要图文并茂，而且必须经过精心的编辑。

切记，千万不要在你发言的时候分发材料，这么做会让你失去大量的听众，因为他们会提前阅读你发的材料，便不会太在意你的存在了。出于这个原因，材料要等到发言结束准备离开时再发。

材料中可以包含的内容：

你为这次会面准备的产品、服务、构想的简单概述。

你在会面中的发言或演示内容的副本，目的是为了强化。

你希望他们记住的基本要点。

支持你谈话内容的证据。

在你演讲的过程中没有引入的其他有效信息：背景材料、文章、前几次报告。

一些表明你或其他人的工作成果的证明和例子。

引用公司内部或外部的人所说的话。

如果这是一次公司内部会议，你还可以把执行总裁或高级行政主管的备忘录收录其中。

来自顾客的信件和积极反馈。

关于你本人的附加信息。如果你是在推销自己，或者你面对的是一个没有人认识你的新团体，这部分信息还是很有用的。一份精致的简历效果就很不错：简短的自我介绍、个人经历、过去获得的成就和奖励，以及客户名单等。

当然，材料里最好不要包含任何无关的信息，要不然，厚厚的一大叠，没有几个人有耐心看完！这只是一份供你挑选的菜单，你可以从中挑选你需要的！

你的谈话内容中最难理解的部分是什么？哪些资料既是你拥有的，同时又是他们需要的，而且是最能支持你的立场的？记住这两点，也就不难制作你的材料了。

如何设计可视化信息

1. 前期准备

为了更好地将内容可视化，第一步，你必须将你的主题内容编辑浓缩成最基本、最核心的几个要点，只有完成了这一步，你才能选择将哪一部分视觉化，以何种方式将它们呈现出来。问你自己几个问题：

我想传达的 3 个基本事实是什么？

听众需要哪些信息才能作出决定？

还有什么信息可以让我的发言更具说服力、更有权威性？

只有在这种深入地自我反省和思考之后，你才会知道哪一种视觉形式最能表现你要表达的内容。

2. 形式可以很简单

不要以为你必须把你所呈现的内容弄得很复杂、很正式。越大并不总是意味着越好，而更贵也不总是代表更多。

你的听众中都有哪些人？

他们已经看腻了什么样的内容？

要想更具原创性，让内容更丰富，你还应该做些什么？

在很多情况下，最佳的视觉风格就是简单和随意——你站在人们面前，嘴里滔滔不绝，而你的手，随心所欲地在黑板上涂画着。你首先要考虑的是你传达的信息有多复杂，你需要传授的知识有多少，你希望给人们留下的印象是怎样的。不要总想着怎样才能一鸣惊人。

功能决定了形式……

3. 选择媒介

我们已经接触了许多形式的媒介，对它们已经形成了条件反射一样的反应，而在今后，我们还将接触更多的媒介。你希望为听众创造什么样的视觉效果？对他们来说，你究竟是怎样的一个人，而你选定的媒介如何才能表现出你的特点来？

你希望给人留下何种印象？

有人情味、随意洒脱、即兴发言？不假思索地绘出一幅图，这就可以达到你的要求。

专业、有水准、最高级别？这个时候，你需要的是事先准备过的图形，一气呵成、美观、设计精巧，同时还需非常精细复杂。

你在寻求什么？

人们的情绪反应？图片和小电影可以为你做到这点。

抓住人们的注意力，让听众大吃一惊？在现场做演示，或者邀请现场的嘉宾现身说法，或者和听众一起做一些互动式、体验式的活动。

选择适合你的媒介要考虑以下因素：

考虑所有的视觉手段。

你对哪种手段最为满意？

你擅长运用这种手段独立制作、独立设计吗？水平有多高？

如果需要帮助，需要什么程度的帮助？

制作出你想要的效果需要耗费多少时间？

你有多少时间？

4.基本的设计原理

（1）好的设计可以扭转局势。

我们应该重视图像的质量和设计，它们的确具有很高的实际价值。现在的听众在图像、画面上都非常挑剔。因此，仅仅用幻灯片软件，白纸上面写黑字或者"砰"的弹出一张图表来这些过于简单的形式在今天已经没有了当年的震撼作用。你要学习一些真正意义上的设计理念，从而可以按照你所希望的那样起到解释、美化和震撼的效果。

（2）除了文字，更要有图像和图标。

图像的存在不只是为了简单地重复你说过的话。只要有可能，就尽可能用图像或图标来表明你的观点，它们要比打印出来的文字有趣得多，更能吸引人们的注意力。它们更容易记忆，也更适宜重复，同时往你的想法中加入了情绪和力度。给你的材料增加插图，但不要只是满足于用文字或图像重述你的观点。

（3）控制住你的信息量。

在咨询工作中碰到许多类型的错误，最严重的一种就是一次呈现包含了过多内容的视觉信息。如果你将所有的内容公布，人们不仅会看，而且会以比你发言速度高 20 倍的速度看完所有的内容。

结果呢，你失去了对听众以及信息的控制，这些信息本该由你来传递的。当你还在解释屏幕的左上角的内容时，有些听众已经把你呈现出来的内容全都浏览过了，他们会对你想要表达的意思做出自己的判断，完全不会去注意你对材料的解释。

正确的方法：分次弹出标题；控制每次呈现的信息量；将内容制作成动画，这样每次就只能显示一条信息；只有在你发言结束时，观众才可以看见所有的信息。

显示标题 1，然后开始围绕这个标题演讲。

点击鼠标弹出标题 2，演讲。

如此往复，直到所有的标题都出现在屏幕上。

你的听众获取到的信息只能是你针对每个标题所谈的内容，而不会是所有的标题同时出现时他们的推论。

（4）引人注目的设计。

首先呈现的一定是你的主题，接着听众希望看到你的内容提纲，从而了解你的演讲内容的结构。

不要浪费标题。标题之间要环环相扣，标题不仅要涵盖主题，还要对特定的观点或图表进行提示。

要对重要的观点进行概括，并独立呈现，最大限度上触动听众的神经。

要让你的信息本身包含许多不言自明的成分，充分开发听众的独立性。

（5）新颖的设计。

PowerPoint 软件已经给用户提供了许多现成的格式，这就导致几乎每个人都在使用相同的格式。所以，你要设计一些原创性的格式，创造出属于你的自有风格。人们希望看到变化，不仅是为了新鲜感，更是因为程序式重复的格式太没有创意，无法激起他们的兴趣，严重时还会使人们对你的主题内容产生误解。所以，你应该以 PowerPoint 软件提供的格式为基础，进行原创性地改造。

演讲中每个主题的格式和颜色搭配也不应该相同，因为这不符合逻辑。你演讲的每个方面涉及到的都是不同的问题，而不同的主题可以引起听众不同水平的反应。你从一个主题转入下一个主题时，在你使用的格式的核心框架内改变幻灯片的背景和颜色，这可以在视觉上提醒听众你已经变换了话题，又能够重新提起他们对演讲内容的兴趣。给不同的主题加上不同的颜色就好像翻开书本新的一页，总能重新引起人们对你的关注。

5.让听众目不转睛

也许你拥有制作水平很高的视觉材料，但是，如果你不知道如何将它们呈现给听众才能获得最好的效果，那就是浪费。

你要把这些视觉材料变成是你演讲的延伸，它们的作用就是帮助你解释和强调你的观点。无论你使用哪种媒介，一定要掌握好它，只有这样用起来才会舒适、自如。

（1）视觉击败听觉。

我们的行为完全由自己来控制，但是听什么却由不得我们来决定。如果你有材料要让听众看，他们的角色会立刻发生转变，变得更积极，他们不再依赖你说的话，这时一定要记住：不要让视觉材料霸占了你的舞台和听众的注意力。你将它们创造出来是为了帮助你，而不是和你竞争的。

（2）制造神秘感。

吊足他们的胃口。在画面出现之前先告诉听众你接下来要谈论的话题，以及谈论它的理由："下面这张图表，当你看到这上面显示出来的趋势时一定会感到十分意外。"一旦你揭开了这层面纱，所有的神秘便灰飞烟灭了，你也就失去了这次制造神秘感的机会。而当他们知道了画面的内容，他们所有的注意力都集中在刚刚呈现的材料上，就没人会听你发言了！所以，为了激起他们的兴趣，在你打开这幅画面之前一定要告诉他们，为什么要关注下面这个观点，接下来的内容可以帮助大家解决怎样的疑问。

（3）让画面开始说话。

视觉化的信息是非常具有说服力的，它们用无声的语言向人们传达着各种信息，所以，让你的画面做好它们的本职工作吧。先对它进行说明，这样你的听众就知道他们应该关注哪些信息，为什么关注。现在，停止说话，同时呈现画面，静静地等听众看完画面上的内容。接下来，你便可以在这幅新鲜感十足的画面的基础上继续发表你的看法。让你的画面去抢滩人们的思维。

（4）词汇表。

如果你的发言包含有听众非常陌生的科技、金融、契约、管理术语，请制作一份词汇表作为参考资料。在黑板上画一张表格，当某个术语或陌生词汇第一次在演讲中出现时，将它的定义或解释用简短有趣的话表达出来，并写在表格中。

你也可以事先把词汇表准备好，谈到一个，显示一个，这就给了听众更大的自由，他们可以根据自己的情况选择看或不看。他们可以一直听你发言，而你则不需要一直为他们解释。

（5）增强视觉效果。

如果你将要传达的是一则惊人的消息或者是一个戏剧化的事

例，运用你的嗓音，告诉听众有事情要发生了。在你呈现滚动标题的同时改变说话的节奏和语速，让听众意识到将要有意想不到的事情发生，或者答案即将揭晓了。你的说话方式和呈现信息时的速度变化都能够让听众形成对接下来发生的事情的预测。

（6）引导听众。

你要和不断显现的标题形成互动。通过标题来引导听众，指挥他们的目光和思维，告诉他们看哪儿、想什么、比较什么。让听众把注意力转到屏幕上，看你正在展示的部分，用鼠标指着值得注意的特别之处，让听众的眼睛跟着你的话语走。你在讲台上再也不会隐身了，而且在挨个儿跳出的标题的带动下，你变得更加积极、投入了。

（7）告诉他们应该做什么。

牵住听众的视线："请特别留意第 4 个标题，这是这个领域里最新的研究成果。""观察蓝色的部分，这是去年的数据，仔细将它和今年的数据进行比较。"

你拥有对听众的控制力，这种力量之强大令你自己也惊诧不已。你掌控着整个局面，这么说一点儿都不夸张，因为你占据着麦克风或者讲台，台下的人都要按照你的指令去做。试试看，真的是这样！

（8）不要让听众把精力都放在印刷品上。

发言过程中不要分发任何材料，否则你将会失去听众！

他们的阅读速度比你的说话速度快得多。

他们很快就会超过你，而且到处都是纸张翻动的声音。所有人都在寻找自己感兴趣的内容，而你也许还在第一页上转悠。

你丧失了作为一个主要的信息提供者和启发者应有的地位和权力。

既然你已经与听众培养了和谐融洽的关系，为什么还要让出你的中心舞台，让每个人自己获取信息呢？他们真正需要的并不是这种形式，他们需要和你一起看着屏幕听你说，从你那儿获取信息。而分发的印刷材料是为稍后准备的，在你离开之后，或者在你结束讲解之后，但绝不是在演讲过程中。你可以向他们说明，在结束时给他们提供印有你之前展示的所有信息的印刷资料。

人们也许希望用这些印刷品来记笔记，这种情况也是存在的。不过，你不是对你的听众有很强的支配能力吗——这种情况不在话下。你可以试着提供一些用来记笔记的便笺纸、铅笔和钢笔。你的标题前的序号必须清晰可见，而且要提醒他们注意顺序，只有这样他们才能在拿到印刷材料时将他们的笔记和相应的材料对应起来。如果你不得不屈服于这些印刷品，你可以故意做出一些别出心裁的事情，再多说点题外话，这样就能让他们偶尔瞟上你一眼。

6. 色彩的运用

色彩无处不在。但是，色彩并不只是一种随意的装饰元素，也不只是为了好看，它承载着属于它自己的信息，能够引起我们的反应。因此，颜色能够影响和改变我们从硬信息中所获取的内容。它无疑是一种宝贵、强大的视觉表达方式。

不过很多商业人士并未认识到色彩的重要性，他们在制作视觉元素的时候从未将色彩作为一种可利用的元素添加到设计之中。人们在冰冷的事实信息前的反应和看的方式会由于色彩的出现而变得五彩斑斓。色彩让我们感受到了：热烈和激情、气氛、强烈的反差和对比、兴趣、多样性、喜悦、兴奋、积极或消极的反应……

（1）黑白画面的效果。

白色背景上密密麻麻的黑字剥夺了文字信息影响我们情绪的能力。但是，习惯决定了公司和个人都会继续使用白底上面印黑字的模式，而不会去尝试彩色的背景和文字。

既然白纸黑字已经变得如此的普遍，那么白和黑便没有任何含义，也就无法传递任何信息。

虽然在服装和室内装饰中，黑与白非常具有戏剧化的效果，但是当文字出现在背景中时，它们就像是在说："这是事实。""这儿有一列数字。""这是主题。"而这是好是坏，其内容能让人警醒还是令人吃惊的，它的主题是严肃的、戏剧性的还是意料不到的，都是未知数。除非你的设计别具一格，否则白纸黑字就等于在宣布材料的内容已经"过时"了。想一想你最后一次看黑白电影是什么时候？黑白电视呢？

（2）色彩是如何影响我们的。

在通过理智作出决定之前，所有的决定都是根据本能和情绪作出的，这就是色彩有用武之地的原因。

色彩确立了基本的氛围。你的听众或多或少能感受到或有所警觉。研究表明，用鲜艳的、经常更换的水粉画装饰的幼儿园中的孩子更加机灵，而生活在没有或只有一点颜色变化的昏暗房间里的孩子明显不够活泼。由此可见，色彩和我们的天性以及情绪反应有着与生俱来的内在联系。

色彩能够让人们在天性和自己的生活经历基础上产生丰富的联想和想象，从而影响到我们的情绪。画面中的色彩对你的听众有着独一无二的影响和意义。

我们每个人都有自己喜欢的颜色：我们对颜色的好恶会在选择汽车、室内装饰和服饰的颜色时表现出来。另外，由于文化的适应，我们对个别色彩和色彩搭配的反应是可以预测的，而且有统一的趋势。接下来我只对一些基本概念作简要的介绍，以此来说明视觉材料中颜色是如何引起人们对信息的情绪反应的。

三原色分别是红、蓝、黄。按照色彩原理，红色、蓝色、黄色和绿色能够激起我们最为强烈，也是最直接、最真实的反应。

红色和蓝色是肯定的颜色，最显眼，也最吸引人。

红色是充满激情的颜色，它让人兴奋、引人注目。它象征能量、温暖、生命、奢华和狂热，极其情绪化，是非常强烈的色彩。此外，我们还要意识到它的文化内涵：在有的国家，红色还意味着警告和危险（中止信号、消防车、医院中的警示标志）。它还让我们联想到血。数字是红色的，代表的是损失和债务。由于红色是一种"警告"色，而且视觉冲击力很强，所以应该谨慎使用，可以作为强调色少量使用，不可以作为背景色。

蓝色是平静的，无穷无尽。想一想天空和海洋。它还是一种非常冷静、理性的颜色，象征平和与宁静，能够稳定人的情绪。它能够让人联想到幽远、智慧、信任和奉献。深蓝色象征着坚忍不拔、忠心耿耿。如果写字用的是蓝色墨水，那么字里行间融入了更多的信息。

蓝色引起了与红色完全相反的反应。因为蓝色可以放松人的神经系统，所以人们能够更加冷静地思考。更暗的色调会让人觉得寒冷和沉闷。想一想你的材料：冷静的蓝色是你的最佳选择吗？你还需要其他什么颜色才能让你的演讲更轻快、更具有煽动性，从而让听众产生更加情绪化的反应？

绿色是大自然中最旺盛的颜色。你的身边到处都是树木、青草、春天。它还有许多象征意义：生命、青春、复苏、希望、活力。绿色比蓝色更能调动人们的感情，它代表了健康、成长和积极的态度。

绿色是最让眼睛感到舒适、放松的颜色，它可以使文字看起来更轻松。绿色也是一种具有镇静作用、让人倍感舒适的颜色，所以就有了供演员或主持人在上台表演或录制节目前休息的"绿房间"。

基本要点：心理学家报告称，人们对产品或服务的接受或拒绝，60%可以用人们对色彩的印象来解释。而且，请记住，既然我们的商业活动可能会遍及全球各地，那么不仅在此时此地要意识到这点，在其他文化中，这一点也应该引起我们足够的重视。你展示的画面，包括颜色和设计，都要和它们所针对的文化相协调，这样才能真正帮助人们理解你的信息。

如何用语言将信息视觉化

1. 视觉意象将你和听众紧密相连

人生中有些事和物是我们每个人都曾经历过的，像童年、家庭、学校、恐惧、失败、爱和恨等，一旦勾起大家对这些经历的回忆，你们便找到了共同点。

无论你们在现实世界中的地位和身份如何，对共有人性的强调将你们紧密联系在了一起，让你们一同跨越办公室的现实，进入到所有人共有的人生经历中去，同欢笑、共追忆，这种做法让大家感受到了平等。这么做将说话者和听众紧密地结合到一起，对你来说意义非凡。

2. 生动逼真的描述

你的描述应该很清楚，让人一听便能够领会，这就要求你非常了解你的听众。

了解他们生活和工作的状态和内容，认识到他们的年龄和性别差异，知道这种差异会对他们的经历和思想产生何种影响。

掌握他们的生活背景，了解这种背景差异如何让他们对你所描述的理解发生偏差。说这么多，无非是想让你知道，你的描述必须让每个人都能理解才行。

3. 分享一些感觉和感受

下面来说说感觉。

回想起一种非常可口的食物或好闻的气味，一种可以触碰到或看到的东西，或者一段难忘的、令人讨厌的声音，都可以让你的右脑活跃起来。

假如你要谈论一种只想得到即时满足的人，但是你的报告或既定计划中并没有涉及到这方面的内容，怎么办？你可以这么做：

将下面这段经历绘声绘色地描述出来：你走进街角的一间比萨饼店，番茄酱和奶酪在炉火的烘烤下融化，香味扑鼻而来。但是接下来你一定要告诉他们，你不得不排在长长的队伍中，苦苦等待。当你把比萨拿回家时，已经有几分凉了，不过你等不及了，立刻偷吃了一小块。那第一口的味道真令人难以忘怀。

想想这段描述发挥了怎样的作用？

在只言片语的诱导下，人们运用自己的感觉理解了这段话的情境。

也许人们并没有真正经历过，但是在恰当的语调、安静的语气和平缓的叙述中，一切都活了起来！甚至在一点点加入这些味道和香味时，所有人都舒展眉头，开心地笑起来！

想一想，只有这些词语和句子，它们是如何在你的头脑中创造了这种感觉体验的呢？

在工作中，只要你想重现一个每个人都能够想象的事情过程，你都可以利用这种诉诸感觉的技术。比如说——

假定你要投入一个新项目。一开始就说，你终于看到了春天的到来，树木开始发芽，世界被笼罩在一片嫩绿之中：

"漫长灰冷的冬天和冰雪、泥泞突然消失了，你终于看到了水仙花和郁金香露出了嫩芽，这难道不是一种宽慰吗？看到这些新生命和蓬勃的生机，多少会让你的心情变得敞亮。"这幅刚刚在头脑中形成的画面让人们产生无比美好的感觉，而你要做的就是将这种情感迁移到人们听完你对新项目的介绍后所产生的感觉当中去。

带领你的听众走出常见的演讲模式，去经历另一种体验，确实能够激起大家对这场演讲的兴趣，而且此法是吸引听众最重要的方法。它不仅能够让听众在感到意外的同时深陷其中，而且还在你身上贴上了一个标签，使你成为了一个独特、难忘又有创造力的演讲者。

4. 善用大家熟悉的名言语录

用另一种形式的台词来包装你的观点或阐述你的看法：一句口号、一行箴言、民间俗语、一小段经典语句。无论是耳熟能详，或者只是听起来耳熟，无论是为了画龙点睛，还是作为你的观点的论据，它们都能让人们在脑海里勾勒出你的想法。

引用可以让你的话说出来更有分量、更显智慧。从名人或不知名的人口中说出的睿智、精炼、发人深省的话能够引起听众的认同和思考。

第五章

严守分寸
——口有遮拦才能掷地有声

说话不可口无遮拦

与人说话要讲究方圆曲直，该说的说，不该说的就不要开口，可实际上，有的人说话口无遮拦，以致让自己陷入危险境地。

说话不可口无遮拦，要恰当地回避他人忌讳的东西，才能使双方的交流更为融洽。

朋友聚会，大家不免要开开玩笑，玩笑不伤大雅无妨，不有意无意揭人伤疤也无妨。这样可以使气氛更欢愉，彼此沉浸在往事的回忆中，倒是一种乐趣。然而，有时不该说的说了，就会使气氛骤变，若是有朋友携好友或恋人同往，情况还会更糟。

小张长得高大魁梧，在大学校园内有"恋爱专家"的雅号。如今他是一家外资公司的高级职员。英俊的长相和丰厚的薪水使他在众多的女孩中选择了貌若天仙的小丽作为女友。也许是为了炫耀自己的能耐，小张带着小丽去参加朋友聚会。

就在大家天南海北闲谈的时候，同学老王转了话题，谈起了大学校园罗曼蒂克的爱情故事，故事的主人公自然是"恋爱专家"小张。老王眉飞色舞地讲述小张如何引得众多女生趋之若鸳,又如何在花前月下与女生卿卿我我。小丽起先还觉得新奇,但越听越不是味,终于拂袖而去。小张只好撇下朋友去追小丽。

老王并不是有意要揭小张的伤疤,而他的追忆往事确实是使小丽耳不忍闻,无端造出了乱子。这不仅使小张要费不少周折去挽回即将失去的爱情,而且使在场的人心里也不愉快。

总之,无论在什么场合,什么情况下都要把握说话分寸,尽量做到该说的说,不该说的就不说,尽量创造一个和谐的氛围。

转个弯儿说话

在某些特定的场合,如果把话说得太直、太透,可能会引起对方的不满,或者对自己产生不利的影响,但意思又不能不表达。这时,如果采用"借他人之言,传我腹中之事"的方法,借用一个并不在场的第三者之口说出,便可以弱化对方的不满和对我方的不利影响。这种方法就是近话远说。

近话远说能够人为地拉开话题与现场之间的距离,给双方留下一个缓冲带。西安事变前夕,张学良和杨虎城就频繁晤面,都有心对蒋发难。可对于这样一个关系到身家性命和国家前途的大事,在对方亮明态度之前,谁敢轻易开口。眼看时间越来越近,双方都是欲说还休。

杨虎城手下有个著名的共产党员叫王炳南，张学良也认识。在又一次的晤面中，杨虎城便以他投石问路，说道："王炳南是个激进分子，他主张扣留蒋介石！"张学良及时接口道："我看这也不失为一个办法。"于是两个聪明的将军开始商谈行动计划。

　　当时，张学良的实力比杨虎城大得多，且又是蒋介石的拜把子兄弟。杨虎城如果直接把自己的观点摆在张的面前，而张又不赞同，后果实在堪忧。于是就借了并不在场的第三者之口传出心声，即使不成也可全身而退，另谋他策。

　　说话转个弯儿，在表达了自己的意见的同时，也为自己留了条后路。

　　对于不宜直言的问题，绕个弯儿说话，有时会让自己化险为夷，不信看下面这个例子：

　　我国古时候，有一个县官很喜欢附庸风雅，尽管画术不佳，但画画的兴致很高。他画的虎不像虎，反而像猫。并且，他还每画完一幅画，都要在厅堂内展出示众，让众人评说。大家只能说好话，不能说不好听的话，否则，就要遭受惩罚，轻则挨打，重则投入监牢。

　　有一天，县官又完成了一幅"虎"画，悬挂在厅堂，召集全体衙役来欣赏。

　　县官得意地说：

　　"各位瞧瞧，本官画的虎如何？"

　　众人低头不语。县官见无人附和，就点了一个人说：

"你来说说看。"

那人战战兢兢地说：

"老爷，我有点怕。"

县官："怕，怕什么？别怕，有老爷我在此，怕什么？"

那人："老爷，你也怕。"

县官："什么？老爷我也怕。那是什么，快说！"

那人："怕天子。老爷，你是天子之臣，当然怕天子呀！"

县官："对，老爷怕天子，可天子什么也不怕呀！"

那人："不，天子怕天！"

县官："天子是天老爷的儿子，怕天，有道理。好！天老爷又怕什么？"

那人："怕云。云会遮天。"

县官："云又怕什么？"

那人："怕风。"

县官："风又怕什么？"

那人："怕墙。"

县官："墙怕什么？"

那人："墙怕老鼠。老鼠会打洞。"

县官："那么，老鼠又怕什么呢？"

那人："老鼠最怕它！"来人指了指墙上的画。

被点名的差役没有直接说县太爷画的虎像猫，而是绕着弯说话。让县官在众人面前保住了脸面，又让自己避免了一场灾难。

点到为止

事情有缓急，说话有轻重。有些人在日常交际中，对问题缺乏理智，不考虑后果，一时性起，说话没轻没重，以致说了一些既伤害他人，也不利自己的话。

有一对夫妻吵架，两人唇枪舌剑，各不相让，最后丈夫指着妻子厉声说："你真懒，衣服不洗，碗也不刷，你以为你是千金小姐呢，什么都不会，脾气还挺大，要你有什么用，不如死了算了。"妻子一气之下割脉自尽，丈夫后悔已经来不及了。

这样的例子在日常生活中屡见不鲜。这类说"过"了、说"绝"了的话，虽然有一些是言不由衷的气话，但是对方听来，却很伤心，故常常引起争吵、嫉恨，甚至反目成仇。俗话说"过火饭不要吃，过头话不要说"，"话不要说绝，路不要走绝"，正是对上述不良谈吐的告诫。

如果听话人是一个非常明白事理的人，你说的话就不必太重，蜻蜓点水，点到即止，一点即透，因为对方就像一面灵通的"响鼓"，鼓槌轻轻一点，就能产生明确的反应。对这样的人，你何必用语言的鼓槌狠狠地擂他呢？

赵明是工厂的一名班组长，最近他的班组调来一个名叫王楠的人，别人对王楠的评语是：时常迟到，工作不努力，以自我为中心，喜欢早退。过去的班长对王楠都束手无策。第一天上班，王楠就迟到了5分钟，中午又早5分钟离开班组去吃饭，下班铃声响前的10分钟，他已准备好下班，次日也一样。赵明观察了一段时间，发现王楠缺乏时间观念，但工作效率却极佳，而且成品优良，在质管部门都能顺利通过。于是，赵明对王楠微笑着说："如果你时间观念和你的工作效率同样优秀，那么你将成为一个完美的人。"以后赵明每天都跟王楠说这句话。时间久了，王楠反而觉得过意不去了，心想：过去的班长可能早就对我大发雷霆了，至少会斥责几句，但现在的班长毫无动静。

感到不安的王楠，终于决定在第三周星期一准时上班，站在门口的赵明看到他，便以更愉快的语气和他打招呼，然后对换上工作服的王楠说："谢谢你今天能准时上班，我一直期待这一天，这段日子以来你的成绩很好，如果你发挥潜力，一定会得优良奖。"

赵明对待王楠的迟到，没有采取喋喋不休的方式批评，而是点到为止，让其自动改正错误。

小宋是一位小学语文教师，他不满某些社会现象，爱发牢骚，甚至在课堂教学中有时也甩开教学内容，大发其牢骚。很显然，他缺乏教师这个角色应有的心理意识。校长了解这种情况后，与他进行了一次交谈。校长说："你对某些社会不良风气反感，对教师经济待遇低表示不满，这是可以理解的。心中有气，尽管对我发吧，但是请你千万不能在课堂上发牢骚。少年的心灵本是纯真幼稚的，他们对有些事缺乏完全的了解和认识，你与其发牢骚，何不把那份精力用来给学生讲讲如何振兴祖国？这才是一个称职的教师应该做的。"听了校长这一番语重心长的话，小宋认识到当教师确实不能随意把这种牢骚满腹的心理状态表现出来，不然，对学生会产生不良的影响。从此以后，再也没有听说他在课堂上发牢骚了。

同样，校长如果不把握说话的轻重，直接说："你这样做是缺乏修养的表现，不配做一个教师。"那么结果又会怎样呢？

说话要把握轻重，点到为止，给人留住面子，才能起到说话的原本目的。

拿不准的问题不要武断

一般人并不怕听反对自己的意见，不过人人都愿意自己用脑筋去考虑一下各种问题。对于自己未必相信的事情，都愿意多听一听，多看一看，然后再下判断。

为了给别人考虑的余地，你要尽量缓冲你的判断结论。把你的判断限制一下，声明这只是个人的看法，或者是亲眼看到的事实，因为可能别人跟你有不尽相同的经验。

除去极少数的特殊事情外，日常交往中，你最好能避免用类似这样的语句来说明你的看法。如"绝对是这样的"、"全部是这样的",或者"总是这样的"。你可以说"有些是这样的","有时是这样的",甚至你可以说"大多数人都是这样的"。

凡是对自己没有亲历,或不了解的事实,或存有疑点的问题发表看法时,要注意选择恰当的限制性词语,准确地表达。如说:"仅从已掌握的情况来看,我认为……","如果情况是这样的话,我认为……","这仅仅是个人的意见,不一定正确……"这些说法都给发言做了必要的限制,不但较为客观,而且随着掌握的新情况的增多,有进一步发表意见,或纠正自己原来看法的余地,较为主动。

有时是因事实尚未搞清,有时是因涉及面广,或者自己不明就里,都不宜说过头话,而应借助委婉、含蓄、隐蔽、暗喻的策略方式,由此及彼,用弦外之音,巧妙表达本意,揭示批评内容,让人自己思考和领悟,使这种批评达到"藏颖词间,锋露于外"的效果。例如,可以通过列举和分析现实中他人的是非,暗喻其错误;通过列举分析历史人物是非,烘托其错误;也可通过分析正确的事物,比较其错误等。此外,还可采用多种暗示法,如故事暗示法,用生动的形象增强感染力;笑话暗示法,既有幽默感,又使他不尴尬;轶闻暗示法,通过轶闻趣事,使他听批评时,即使受到点影射,也易于接受。总之,通过提供多角度、多内容的比较,使人反思领悟,从而自觉愉快地接受你的意见,改正错误。

开玩笑要适度得体

在生活中，适度、得体地开个玩笑，可以使周围的人松弛自在，并能营造出适于交际的轻松活跃的气氛，这也是具有幽默感的人更受欢迎的原因。如果玩笑无度，不但收不到好的效果，更会造成严重的后果。

一位男士的女同事穿着一身漂亮的新衣服来上班，他幽默地说道："今天准备出嫁？"这其实是一种夸赞，只不过话说得委婉一点，调侃一点。

然而，他的这位女同事却是个神经质的泼妇。

她闻听此言，怒不可遏，拍案而起："你骂人！难道我离婚了，难道我丈夫不在了？"接着又来了一大串的谩骂。

这位男士万万没有想到，他的颇为得意的幽默竟被人家当成是不堪入耳的污言秽语，得到的竟是如此难堪的结局。他百口难辩，只好道歉了事。每当提及此事他都苦笑不已，因为那位女同事因此而到处说他是个"二百五"。

为了达到开玩笑的目的，又不致造成不必要的误会，事先做一下说明是值得借鉴的。

日本人在开玩笑前很紧张，所以他们在开玩笑前要先打个招呼—以下是个笑话，然后才讲笑话，也许我们觉得这一点儿也不好笑，但日本人却会说，这"穿靴戴帽"是很必要的。因为只有这样，对方才有心理准备，不会把玩笑和严肃的话题混淆，免得造成工作上的误会；如果玩笑和对方有关，打个招呼能避免伤害到对方。日本人不仅说笑话要预告，就是要对某件事提出尖锐的批评时也要先讲一句："我有句难听话要说。"讲完后还要再加一句："这话虽然刺耳，但是请你不要往心里去。"这就是日本人，很多人共同的价值认识，在这里要按照特殊的游戏规则才能通行于他们的社会生活之中。

幽默口才应当是阳春白雪，不宜任意挥霍。下面叙述在运用幽默口才时应该注意的几个问题：

1.朋友陪客时忌和朋友开玩笑

人家已有共同的话题，已经形成和谐融洽的气氛，如果你突然介入与之开玩笑，转移人家的注意力，打断人家的话题，破坏谈话的雅兴，朋友会认为你扫他的面子。

2.和非血缘关系的异性单独相处时忌开玩笑

哪怕是开正经的玩笑，也往往会引起对方的反感，或者会引起旁人的猜测非议。要注意保持适当的距离，当然，在一定场合也不能拘谨别扭。

异性之间的幽默更要做到张弛有度，那些所谓的"荤段子"不但不能拉近异性之间的距离，反而会降低自己的格调，使对方认为你低俗难耐。

3.和残疾人开玩笑要注意避讳

人人都怕别人用自己的短处开玩笑，残疾人尤其如此。俗话说：不要当着和尚骂秃子，瞎子面前不谈灯光。

要知道人是没有完美无缺的，他人的缺陷和不足绝不是你拿来玩笑的材料。这种笑话会严重地伤害到对方，导致不堪设想的后果。

4. 不要总和同事开玩笑

开玩笑要掌握尺度，不要大大咧咧地总是开玩笑。这样时间久了，在同事面前就显得不够庄重，同事们也不会尊重你；在领导面前，你会显得不够成熟，不够踏实，领导也不会信任你，因而不会对你委以重任。这样做实在是得不偿失。

5. 不要以为捉弄他人也是开玩笑

捉弄别人是对别人的不尊重，会让人认为你是恶意的，而且事后也很难解释，它绝不在开玩笑的范畴之内。轻者会伤及你和同事之间的感情，重者会危及你的"饭碗"。记住"群居守口"这句话吧，不要祸从口出，否则你后悔晚矣！

6. 莫板着脸开玩笑

到了幽默的最高境界，往往是幽默大师自己不笑，却能把你逗得前仰后合。然而在生活中我们都不是幽默大师，很难做到这一点，那你就不要板着面孔和人家开玩笑，免得引起不必要的误会。

7. 态度要友善

与人为善是开玩笑的一个原则。开玩笑的过程，是感情互相交流传递的过程，如果借着开玩笑对别人冷嘲热讽，发泄内心厌恶、不满的感情，那么除非是傻瓜才识不破。也许有些人不如你口齿伶俐，表面上你占了上风，但别人会认为你不能尊重他人，从而不愿与你交往。

8. 避人忌讳

忌讳是因风俗习惯或个人生理缺陷等，对某些事或举动有所忌讳。几乎每个人都或多或少地有自己的忌讳。所以，开玩笑时一定要小心避之。

9. 行为要适度

开玩笑除了可借助语言之外，有时也可以通过行为动作来逗别人发笑，但必须要适当，否则会酿成恶果。

有一对小夫妻，感情很好，整天都有开不完的玩笑。一天，丈夫摆弄鸟枪，对准妻子说："不许动，一动我就打死你。"结果不小心真的扣动了扳机，结果，妻子被意外地打成重伤。可见，开玩笑千万不能过度。

当然，也有极少数人利用幽默的形式专讲刻薄话，既伤人又伤己，他们专门去打击别人的自尊心，毫不在乎地讲出对方所"耿耿于怀"的话。例如，有关别人的命运，他们所生长的社会环境、有关他们双亲在社会上的地位或者他们的职业等，都成为一些人的谈资。

这个世上本来就有很多不幸的人，一生下来之后，即背负了身体上不利的条件。而更值得同情的是，他们之所以会变成这样，并非自己心甘情愿的。因而，凡是有怜悯之心的人，都不应该以他们身体上的缺陷为话题。事实上，这也是与人交往时，必须注意的一种礼节！

然而，还有人毫不介意地使用那种伤人的言词。当着别人面说那种伤人感情的话，这是非常不人道的。例如，有些人常常使用一些刻薄的言语，如"货底"、"嫁不出去的老处女"、"睁眼瞎子"、"拖油瓶"、"滥货"、"杂种"、"后娘"、"拖累人的废物"、"精神薄弱儿"、"坏胚子"等字眼。

假如你有心肝的话，将不难察觉到这些字眼是极为伤人的，是非人道而残酷的。我们不妨设身处地想一想，如果自己被如此称呼时，心里将有何感觉呢？这个问题实在是有深思的必要。

开玩笑要因人而异

人们由于性别、年龄、经历的不同，就造成人与人之间的心理差异。例如有人性格开朗，有人性格内向；有人是多血质，有人是抑郁质；有人爱好玩乐，有人爱好学习。这些都表现出人与人之间的心理差异。开玩笑时如果不注意对方的性格，也容易出问题。

百人百姓百脾气。有些人在与不同的人打交道时，不了解对方脾气、性格、爱好等就随意行动，有时也会冒犯人。比如，有的人是小心眼，如果你说话不注意，就会惹人家不高兴。有的人是急性子，说话讲究干脆，可你却在那里啰唆，一遍又一遍地交代，他就会反感，以为你不相信他而生气，有的人把自己的脸面看得很重，自尊心太强，任何时候别人都冒犯不得。他们只喜欢好听的，不喜欢有人说他们的缺点，一旦有人揭他们的伤疤，就像捅了他们的"马蜂窝"，他们会不顾一切地和你大闹起来，与你为敌。

人们的心情常常有起伏变化，喜怒哀乐、有暗有明。当心情好的时候，交往成功的希望就大得多。因为在这时候，人们的心情好，兴致高，接受和包容各种意见的心理也健全和博大得多。哪怕是刺激性较强的言行，也能容忍，不去计较，不会造成不良后果。可是，当人们的心情不好，心事重重，十分烦躁时，他们对于外界信息的接受就会带有明显的倾向性和选择性，对于那些反面的信息就会持排斥反感的态度，而每一个人，在某一特定的时间内，都处于某一心境之中。

这样，在交往中，首先应当对对方所处的心境有所了解，有所体谅，并由此出发来选择话题，决定讲话内容以及所采取的表达方式等，这样才可能取得较好的效果。

性格不同，决定开玩笑的内容、方式和情境也不同。一般情况下，对于性格开朗的人来说，玩笑即使过火，他也能够接受，大不了一笑置之，可一旦碰上交往对象性格封闭，非常在意他人说话的用心，这时你采取如下做法，无疑是非常明智的：控制自己，不图一时痛快，随随便便开玩笑。另外我们也知道，性格开朗的人有时也会碰到烦心事，而性格内向的人有时也会"人逢喜事精神爽"，所以分别遇到这两种情况，对前者就不可以再说玩笑话，免得惹他变脸；而对后者，恰如其分地开个小玩笑，相信他也会笑脸相对的。

最后，我们来一同确认一下，跟哪些对象交往时，不要随随便便开玩笑：

（1）不跟长辈或晚辈开男女情事方面的玩笑；

（2）跟普通的异性朋友单独相处时，不要随便开玩笑；

（3）在残疾人跟前，开玩笑一定要注意避讳；

（4）朋友跟别人谈正事时，切不要开朋友的玩笑。

第六章

提问的艺术
——打开对方的话匣子

gaoxiaoduihua
zenmeshuobierencaikenting
zenmetingbierencaikenshuo

问话热身，消除冷状态

第一次见面，不管出于怎样的目的，总希望尽可能多地了解对方，一个又一个的问题就这样问了出来。殊不知，这样的问话方式会给对方造成不适之感，对你本就不熟悉的另一方，戒心会更重。最开始问话的一方往往觉察不到这种迹象，直到对方表现出明显的回避与提防的情形时，问话方才不得不就自己的问话作一番解释。于是疑云消散，双方的交谈才逐渐融洽。但是，如果在对话的最开始就先讲明自己询问某些事的原因，交流的效果是不是会更好呢？

小超是动漫爱好者，最近又迷上飞机模型的制作，经人介绍认识了一个叫赵彦的模型高手，两人一见面就谈了起来。

小超："听说你是这方面的行家？"

赵彦："也不算吧，只是喜欢玩而已。"

小超："你做这个多少年了？听说这行里的有些人很神秘，之前都是专门做飞机的？飞机的原理是不是很复杂？有没有什么有意思的事透露一下？"

听了小超的这几句话，赵彦的面部表情突然严峻了起来。

"你问这些干什么？我不知道。"

感到对方有明显的抵触心理，小超连忙说道：

"不好意思，我解释一下，我之所以问你飞机原理的事，是因为我最近在学着做飞机模型，我朋友没跟你说？"

赵彦摇摇头："他只说你想认识我一下，没说具体是什么原因。"

"噢，那就是我的不对了，我应该提前告诉你我那么问的原因的。除了飞机原理，我还想知道咱们国内制作飞机模型的整个状况，经费啊，材料源啊等，毕竟我刚接触这个，这方面的知识还非常缺乏，可以吗？"

"当然啊。你一解释我就明白了，不然一见面就问我飞机原理什么的，我以为你是间谍呢。"

"哈哈，我的错，我的错。"

小超就犯了只顾问而没有解释的错误。他的问题让对方疑虑重重，甚至因为问题的敏感怀疑他是间谍。因为有这样的想法，对方的心就会关闭得更严，而交流自然无法畅通。在这个过程中，对方还是一副戒备心，没有把小超当真正的朋友，而小超那样问，也是没读懂对方的表现。

不熟悉的人相见，认知总需要一个过程，切不可因为想急切了解某些问题而忽视了思想"互通有无"的过程。简而言之，就是让对方对你跟他对话的目的有个大概的了解，让他心中有数，他才会对你的问题予以解答。

小超从一开始就问，到后来对问话予以解释，就是感觉到了对方内心的变化：由陌生到抵触，不解释可能更加防备，这样发展下去的后果很可能是不欢而散。小超热情四溢，对方却一直是冷状态。

所以，生活中，当我们与某人第一次见面时，不管有多想了解对方，一定不能忽视问话禁语的问题，要耐下心来慢慢诉说。尤其要注意的是，在一些需要解释的问题之前做出必要的解释，跟对方说明自己这样问的意图。这样才能让他最大限度地敞开心扉说出自己的想法，你也会更加了解这个人。

一个严冬的夜晚，两个人初次见面。

对话一：

"今天好冷啊。"

"是啊。"

"……"

"……"

对话二：

"今晚好冷！像我这种南方人，尽管在这里住了几年，但对这种天气还是难以适应，你感觉怎么样？"

"是啊，我父母虽然是北方人，但我也是从小在南方长大的，在这里还是也不适应。"

"你也是南方的？你是南方哪儿的？"

"我是南方……"

以上两段对话均来自两个陌生人初次见面的情景。在第一段对话里，两人见面说的第一段话非常普通："天很冷啊"、"是啊"。

从字面上就能判断出双方的聊天能力一般。

第二段对话则不同。第一个人见面就说自己是在南方长大的，对北方这种寒冷的天气很不适应，然后又问对方感觉怎么样。对方虽不是纯正的南方人，但也是在南方长大的，因此，两个人有共同话题，你来我往间，彼此就会越来越融洽。

从第二段的话中可以分析到，尽管见面的两人一个是纯正的南方人，另一个只是从小在南方成长，父母是北方的。两者虽有差异，但主动问话者故意忽略了这种差异，只强调双方的相似性：都在南方有一段成长经历，对北方寒冷的冬季极不适应。因为有了相似的经历，话题才会越来越多。

心理学上讲，人往往会因为彼此间相似的秉性或者经历走到一起，在认同和被认同的过程中，慢慢由陌生变得熟悉。没有人希望与自己对话的那个人是个和自己没有丝毫相同点的人，那样的话，两人很难有聊得来的话题。甚至，有可能爆发矛盾冲突，这也就是第二段的问话人求同存异的原因。

请求式问话：温和开头好办事

老板总是老板，希望什么事情都由自己决定。作为下属，向老板提要求的时候，应该用商量的口吻去寻求他的意见，这里面的问话技巧就更有学问。

小侯是一家化工公司的财务人员，整天坐在办公室与数字打交道，这与他所学的专业不合。小侯觉得挺没意思，也不是他的兴趣所在，因此，想换个环境，发挥自己的特长。于是在一天上午，他瞄准老板一人在办公室没事干，敲门走了进去。

老板见他进来，知道他肯定有事情，示意他坐下后，问道："小侯，有什么事吗？"

"经理，我有个小小的要求，不知您是否会答应？"他微笑着看着经理。

"什么要求？说说看！"

"我……我想换个环境，想到外面跑跑，可以吗？"

"可你对业务不熟，你想跑什么呢？"经理面有难色。

"业务不熟我可以慢慢熟悉。如果经理能给我这个机会的话，我会好好珍惜，一定不会让您失望。"

听小侯这么一说，经理脸色缓和了许多，问道："你具体想去哪个部门呢？"

"您认为我去公关部合不合适？"经理皱了一下眉，"你原来做财务工作，现在去跑公关……"

"经理，是这样的，我有些朋友在媒体工作，我通过他们的关系，可以为公司的宣传出一份力，这样，对公司不是更好吗？"

经理想了想说："那你先试试吧，小侯，我可是要见你的成绩啊。"

"谢谢经理给我这次机会，我一定好好干！"

于是，小侯成功地调到了公关部，而且工作成绩还相当不错。

当新人和老板提要求时，怎样的问话才能打动他的心？

小侯是个聪明人，当他想调动部门的时候，没有蛮横地向老板提出自己的需求，而是用慢条斯理的语言，用请求和商量的口吻对其说出自己的诉求。

这样的问话让对方备受尊敬，也能让他感受到对方的谦和与恭敬，更重要的是，这样的话让他觉得：对方是在和我商量一件事，而不是命令或要求什么。有了这种心理，上司就更能够接受下属提出的建议。

当经理对小侯调换部门的想法提出质疑的时候，他说出自己有些朋友在媒体工作的事情，对公司工作有利。知道这样的情况，老板的内心就起了变化：最开始被询问能否调动工作的时候是一副不情愿的状态，也不信任对方能够干好。当听说对方的朋友在媒体，对公司日后的宣传有利无弊后，就爽快地答应了对方的请求。

试想一下，如果小侯没有说出有朋友在媒体工作这一有利条件，纵使问得再迫切，老板可能也无法答应他的要求。可见，向老板询问相关情况的时候，要知道对方需要什么，适时地提供出来，才能打动他。当然，这一过程中的态度非常重要。

平时的工作中，如想向上层提意见或要求，还可以运用这样的问话：

"老板，我有个想法，能跟您汇报一下吗？"

"经理，有时间吗？有件事想跟您商量一下可以吗？"

以温和的方式开头，接下来的事情会好办很多。

锲而不舍，由浅及深问到底

在某些沉闷的环境里，没有人愿意开口跟陌生人说一句话，那是出于一种防备心理，在这种时候，该怎么办呢？你也要一直沉闷下去吗？

假如你正坐在火车上，已经坐了很久，而前面还有很长很长的路程。你想与他人讲讲话，这是人类的群体性在作祟，而你要尽力使你的谈话显得有趣和富有刺激性。

坐在你旁边的像是一个有趣的家伙，而你颇想知道他的底细，于是你便搭讪道：

"对不起，你有火柴吗？"

可是他一句话也不讲，只是点点头，从口袋里掏出一盒火柴递给你。你点了一支烟，在还给他火柴时说了声"谢谢"，他又点了点头，然后把火柴放进了口袋里。

你继续说："真是一段又长又讨厌的旅程，你是否也有这种感觉？"

"是的，真讨厌。"他回答着，而且语调中包含着不耐烦。

"若看看一路上的稻田，倒会使人高兴起来。在稻谷收获之前的一两个月，那一定更有趣吧？"

"唔，唔！"他含糊地答应着。

这时，如果你再也没有勇气问下去，你们的谈话就会到此为止，沉默就会继续。但如果你不再只是问一些表面问题，而是换一个稍微深入的，能引起他兴趣的话题，对方可能就不再沉默了。

"今天天气真好啊，真是适合踢球。今年秋天有好几个大学的球队都很出色，你对这件事有关注吗？"

这时，那位坐在你身旁的乘客直起身来。

"你看理工大学球队怎么样？"他问。

"理工大学球队很好，虽然有几个老将已经离队，但那几位新人都很不错，对这个球队你也关注？"

"嗯，是的，你曾听到过一个叫李小宁的队员吗？"他急着问。

或许李小宁这个人你听说过，或许没听说过。这都不是关键，关键是李小宁这个人能引发对方的谈话兴趣。你就可以顺着他的话说："他是一个强壮有力、有技巧，而且品行很好的青年。理工大学球队如果少了这位球员，恐怕实力将会大减。但是李小宁毕业了，以后这个队如何还很难说。怎么，你认识他？"

这位乘客听了这话便兴高采烈、滔滔不绝地谈了起来。

可见，人与人相遇，并不是无话可聊，而是没有找到适合双方的话题。这样的话题常常需要一个试探的过程，而要想经历这个过程，就要有锲而不舍的精神，不能因为一两次的受阻就不再问下去。问得越深、越广、范围越大，就可能找到尽可能多的谈资。挖掘到对方最感兴趣的话题，让原本陌生的两个人逐渐熟悉起来，谈话气氛也会变得融洽。

他人之口问出的真言

小张是刚上班不久的新人，这一天因为工作需要，他得向另一个部门的王主任询问某个项目的进展情况。小张想了半天也不知道该怎么开口，自己毕竟是新人，直接问领导某事显得不恭敬，但是项目的事今天必须得问清楚，小张就只好硬着头皮问了起来。

"王主任，有件事想问您一下，您现在手头上的这个项目进展得怎么样了？"

一看是小张，王主任就一副爱答不理的样子，敷衍道："快了，快了，急什么！"

"不是我急，是公司急，所以能不能把项目的进度跟我说一下？"

小张一直在小心翼翼地催，而王主任就是一副急慢的样子。

就在不知如何是好的时候，小张想起了赵经理，又跟王主任说道："王主任，可能我刚才没说清楚，是赵经理让我来问项目的事，他很急，您看能不能跟我说一下？"

一听是赵经理让问的，王主任马上就不一样了。

"噢，赵经理啊，好，好，我跟你说一下。其实也不是怠慢你，只是我也很忙，你知道的。"

"行，那就麻烦王主任了。"

"不麻烦，不麻烦。"

刚刚进入职场，每个人都会有一种新鲜感和陌生感，这个时期说话就要注意分寸。面对领导，尤其是求领导为自己办事时更要注意。

例子中的小张就是个工作不久的新人，他尚未打通各种关系的时候就遇到了一个有些棘手的问题：向一位领导询问项目的进展情况，即让他向自己"汇报"工作。按常理来说，项目进展得如何，是由领导问下属的，这次颠倒就给小张带来了麻烦。一五一十地问，有可能得罪领导，不翔实地问，又完不成任务。这就难倒他了。

最开始，小张只能硬着头皮去问，效果不佳，王主任根本不怎么理他。原因只有一个，他资历太浅，根本引不起对方的注意。当他假说是赵经理让他来问的时候，王主任就变了模样。突然变得积极、配合了起来。赵经理是自己的上司，他哪敢怠慢呢？

在这个过程中，王主任有一个由极不配合到极配合的心理变化，变化的诱因就是小张搬出了赵经理这张王牌，"一物降一物"，如果不提赵经理，小张可能不会很快得到对方的答复。

这里面有一个逻辑：当遇到一些确实难办的事的时候，不如借他人之口，行自己之事。小张问王主任工作，是"颠倒"级别。赵经理问，则是顺理成章。王主任最后心理的变化也是因为这个原因。他可以对新人不重视，却不能对领导不尊重，一级压一级就是王主任的心思。明白了这点，新人小张将问话策略用在赵经理身上也就不难让人理解了。

假借他人之名，虽然是假的，却不是欺骗，是为了让产生于工作和生活中的问题尽快解决。有时，求人办事不方便直说，就让第三方替自己说。借帆远航，学会这点，求人之时就会省去许多麻烦。

留心关键，反复提问

一位面容忧郁的太太走进一家心理诊所，还没完全落座就对心理医生说：

"医生，快帮帮我吧，我不知该如何是好了，我就要精神崩溃了。"

"太太，你怎么了，你看起来确实不怎么样。"

"我先生每天都很晚才回家，回家也不理我，问他做什么去了他说是加班，但我有时闻到他身上有香水味，加班还用喷香水？我怀疑他背着我做了什么见不得人的事。"

"你说'你怀疑'？"

"是，我怀疑。他每天都这样，我已经受不了了。"

"但是你确定吗？"

"医生，是女人的直觉，女人的直觉你懂吗？而且在男女双方之间，只有男人可以有外遇，可以拈花惹草，女人却不行。"

"你说'只有男人'可以？我好像听出了别的什么意思，你能解释一下吗？"

"这很好理解啊，男人什么事做不出来？在以前，大家都觉得男人在外边找女人很风光，但现在不一样了，男女平等嘛。"

"你的意思是女人现在可以和男人一样有外遇了？"

"我不是那个意思，那可能是气话。我只是想表达，我先生瞒着我做这种事让我很生气，我无法容忍！"

"你是说如果你先生告诉你这件事，你就会允许他这么做了是不是？而为了表达你男女平等的观念，你也会找别的男人是不是？"

那位太太还想否认，但看到医生坚定的眼神，也只好不情愿地承认了。

故事中的太太和心理医生是第一次见面，太太是抱着埋怨、发泄不满的情绪，却没想到，最后竟然被医生逼问出令人惊讶的不易察觉的真实意图。他是怎么做到的：只抓对方话里的关键点，着重提问，就可看出对方的端倪。

最开始，医生也不知道对方的真实意图是什么，但是当他听到"我怀疑"、"只有男人"等字眼时，他就马上意识到，这是个有企图心的女人。"我怀疑"反映出她主观性比较强，只会去臆想，"只有男人"则似乎透着某种"醋意"：只有男人可以，我们为什么不行？

这句话应该是那位太太的潜台词，她没敢说出来是因为，她是抱着让医生出几条对付丈夫的对策的心理来的，根本没想到自己会出问题。她可以刻意掩藏自己的心意，在对话中却不能做到完全的没有瑕疵，不露马脚。医生正是利用了这一点，抓住了对方话里仅有的一些迹象大加追问，终于逼出了她的心里话：丈夫有外遇，我也要有外遇。

不管这是生气时的思想还是蓄谋已久的想法，归根结底被医生问了个正着。女人的心态也由此发生了极大的变化：开始的怨恨、受委屈到后来被点破真实意图后的愧疚和不安。试想一下，如果医生在整个谈话过程中没有抓住对方话里的关键点追问不止，而是顺着她的话听下去，问下去，对方的真实意图还能被挖出来吗？结果很可能就是否定的了。

这给我们一个提醒：两个人初次见面的时候，不管对方有着怎样的身份和地位，也不管他将自己说得多么悲惨，切不可偏听偏信，而是要留意对方话里的关键因素，用一种不得结果不罢休的态度问下去，多问几遍，或许真的能问出不一样的内心，而这些内容才真的可能带你走进对方的心里。

巧嘴问话，说服别人为你办事。

投桃报李，亲近之人也需"糖衣攻势"

李凌今年 27 岁了，能力很强，做过几年生意，小发了一笔。但他不满足，总想干个大点的生意才过瘾。刚好村里的鱼塘要对外承包，他有心把池塘承包下来，只是手头上的资金还是不够。

他左思右想，想到了他的一个远房亲戚，是他母亲的表弟，按辈分应该叫老舅的，在县城承包了一个企业，经营得不错，是县城有名的"土财主"。可是李凌想到自己与他关系疏远，好长时间没有走动了，贸然前去，显得突兀不说，事情还肯定办不了。怎么办呢？他决定先把关系搞好，和这位老舅亲近起来。他打听到这几天老舅身体不太好，时常犯病，就看准时机，拎了一大包的滋养品，来到老舅家。

"老舅啊，有些日子没来看您了，您老人家怎么病了啊？年纪大了，可要多注意身体，别太操劳了。今天给您带了些东西过来，补补身子，您不会嫌少吧？"

李凌非常热情地说着，并把东西放到老舅的桌子上。

俗话说："礼多人不怪"，虽说两家好长时间不走动了，但今天外甥拎了那么多的东西上门，而且是在自己生病的时候，这位老舅心里格外高兴：

"小子，你今天能过来，老舅我就别提多高兴了。今天中午咱俩喝两杯。"

于是，李凌就留下热闹了一番。

自此，两家关系好了起来。以后李凌隔三差五地来看他老舅。不是问他身体怎么样，就是问他最近想吃什么，面面俱到。看到李凌这么关心自己，老舅也非常高兴，视李凌如亲生儿子一般。李凌一看时机成熟了。这天他拎了两瓶酒到了老舅那里，两人喝了起来。

李凌说："老舅，上次我给你买的补品吃完了吗？吃完了的话我再给你买。"

"不用了，太破费了，还有好多没吃完呢。孩子，我看出来了，你对老舅不错，我是你长辈，往后有什么困难尽管和我开口。"

李凌一听，故作激动万分的样子，就连忙把承包鱼塘的事情说了。

老舅听了之后说：

"好啊，有志气，有魄力，老舅大力支持……做人就应该干一番事业。想法很好，不过具体做时一定要慎重，年轻人千万不能急躁。"

李凌连忙点头称是，接着把资金短缺的事情也说了出来。最后，李凌顺利地从老舅手里借到了3万元并承包了鱼塘。

无论求谁办事，即使是和自己关系亲密的人，有血缘关系的亲戚，也要懂得投桃报李，适时地发送一些"糖衣炮弹"。

　　李凌想承包鱼塘开创一番自己的事业，但是缺少足够的资金支持。就在不知如何是好的时候，他想到了自己的老舅。老舅家底殷实，可以在资金上给以他支持。但李凌明白一个道理，即使是亲戚，求他办事的时候也要注意方法，不能想当然，也要懂得适时给予回报。

　　为了搞好和老舅的关系，李凌开始频繁地出入他家。关心他的身体，关心他的方方面面，还给他买各种补品。在这个过程中，原本有些疏远的两家慢慢亲近，有了这些铺垫，李凌才开口求舅舅办事。

　　李凌对舅舅的关心不是虚情假意，只是一种求人办事的方式。即亲戚之间也要给些好处。现在的很多亲戚交往中，存在着一种误区，那就是：亲戚关系是一种血缘、亲情关系，彼此都是一家人，互相帮忙办事都是分内之事，都是应该的，没必要像其他关系那样客套。其实，这种想法是不对的。血缘关系虽说是"割断了骨头连着筋"，但亲情的维护与保持也在于彼此之间的相互帮助与知恩图报上。

　　所以，在故事中，当感觉到李凌这么关心自己，他的舅舅也非常高兴，尤其是李凌对其嘘寒问暖的时候，他的心里也暖暖的。猜想一下，即使舅舅知道李凌是为了让自己帮他才这么做的，舅舅也会心甘情愿地帮他。明白事理的孩子总是招人喜欢的。当然，这其中更关键的是他的问话，人毕竟是感情动物，还是听觉动物，听到别人关心自己的生活起居，就会有一种感动油然而生，有了这种感觉，办事就会容易许多。

生活中，不管是亲戚还是其他有紧密关系的人，一旦要麻烦他为自己办事，就可学着嘴甜一点，腿勤一点，多给对方一种被关心、被呵护的感觉，他自然而然会给你提供帮助的。

第七章

做真诚的倾听者
——让对方自愿吐露心声

倾听是对别人的最好恭维

美国的汽车推销大王乔·吉拉德在一生的推销生涯中，卖出了10000多辆汽车，其中有一年卖出汽车1425辆，这一纪录被载入吉尼斯世界纪录大全中。在他的工作过程中，有过这样一次经历。

一天下午，一位先生来向他买车，吉拉德展开如簧之舌向他介绍，眼看那位先生就要签单了，结果却放弃了购买，走了出去。

到了深夜11点钟，吉拉德仍在沉思为何失败，不知道错在哪里。平时这时候，他是在回味这一天的成功呢！

吉拉德再也忍不住了，拿起电话打了过去，问那位先生为什么不买他的车。

"现在是晚上11点钟。"对方不耐烦地说。

"我知道，很抱歉。但是我要做个比别人更好的推销员，你愿意告诉我究竟我哪儿错了吗？"

"真的？"

"绝对！"

"好，你在听吗？"

"非常专心！"

"但是今天下午你并不专心听话。"那位先生告诉吉拉德，他本来下定决心买车，可是在签字前最后一分钟犹豫了。因为当他提到自己的儿子杰克要进密执安州大学，准备当医生，杰克很有运动能力等时，吉拉德满不在乎，一点兴趣也没有。当时吉拉德一边准备收钱，一边听办公室门外另一位推销员讲笑话。

倾听不仅是一种对别人的礼貌与尊重，也是对讲话者的高度赞美与恭维。而上述例子中，吉拉德没有积极倾听对方的话，以至于对方在最后一分钟犹豫了，就是因为他忽略了这点。

每个人都希望获得别人的尊重，受到别人的重视。当我们专心致志地听对方讲，努力地听，甚至是全神贯注地听时，对方一定会有一种被尊重和重视的感觉，双方之间的距离必然会拉近。

经朋友介绍，重型汽车推销员乔治去拜访一位曾经买过他们公司汽车的商人。见面时，乔治照例先递上自己的名片："您好，我是重型汽车公司的推销员，我叫……"

才说了不到几个字，该顾客就以十分严厉的口气打断了乔治的话，并开始抱怨当初买车时的种种不快，例如服务态度不好、报价不实、内装及配备不对、交接车的时间等待得过久……

顾客在喋喋不休地数落着乔治的公司及当初提供汽车的推销员，乔治只好静静地站在一旁，认真地听着，一句话也不敢说。

终于，那位顾客把以前所有的怨气都一股脑地吐光了。当他稍微喘息了一下时，方才发现，眼前的这个推销员好像很陌生。于是，他便有点不好意思地对乔治说："小伙子，你贵姓呀，现在有没有一些好一点的车种，拿一份目录来给我看看，给我介绍介绍吧。"

当乔治离开时，已经兴奋得几乎想跳起来，因为他的手上拿着两台重型汽车的订单。

从乔治拿出产品目录到那位顾客决定购买，整个过程中，乔治说的话加起来都不超过 10 句。重型汽车交易拍板的关键，由那位顾客道出来了，他说："我是看到你非常实在、有诚意又很尊重我，所以我才向你买车的。"

玫琳凯·艾施在《玫琳凯谈人的管理》一书中，曾对倾听的影响做了如此的说明："我认为不能听取别人的意见，是自己最大的疏忽。"

玫琳凯经营的企业能够迅速发展成为拥有 20 万名美容顾问的化妆品公司，其成功秘诀之一是她相当重视每个人的价值，而且很清楚地了解员工真正需要的除了金钱、地位外，还有一位真正能"倾听"他们意见的知心人。因此，她严格要求自己，并且使所有的下属人员铭记这条金科玉律：倾听，是最优先的事，绝对不可轻视倾听的能力。现在，你应该了解到，倾听技巧的好坏，足以影响一家公司变得平凡或伟大的道理何在了吧！

有许多顶尖的行销人员，他们几乎不是滔滔不绝，具有舌灿莲花口才的人，说服能力也好不到什么程度，然而，他们的业绩却高出同事 10 倍、20 倍之多。你可知道，为什么有这么大的差别吗？原因主要在于能否认真倾听别人说话。

到什么山听什么歌

作为一个聆听者，除了能对他人有个了解，增长见识之外，事实上还应对别人的说话艺术及风格有所关注。吸取积极经验，总结错误教训，以使自己日后在说话时不至于犯同样的错误。总而言之，聆听者可以在倾听中获得以下几条说话经验。

作为聆听者，一定能注意到，人们平常的说话都是在一定的社会环境中进行的，特定的环境、特定的氛围，对说话者的情绪，表达的内容产生直接的影响。说话的特定效果，也是在特定的场合中获得的。因此在和别人说话时就要了解以下几点：

1. 社会环境

社会环境是一个大的宏观背景，包括时代、社会、民族、地域、文化等。时代是最重要的，不同的时代，有着不同的政治、文化、经济生活内容，人们所说的话必然都打上时代的烙印，即使讲古代的内容也要讲出时代的特征。说话要合时宜，首要的是指符合时代的大背景。如我们今天在搞社会主义市场经济，这是我国时代的趋向，而你在讲话时还左一句计划经济，右一句计划经济，这显然是不合潮流的。再如，我们强调的是说普通话，而说话者还在满口之乎者也，这只能成为人们的笑料。

不同的民族、不同的国家或不同的地域有着不同的风俗习惯,说话人要注意不要闯"红灯"。比如郭亮和田兵同在一个科室工作,郭亮是西北某地区人,而田兵是北京人。一次两人在业余时间闲聊,谈得正起劲,郭亮看见田兵的头发有点长了,就随口说:"你头上毛长了,该理一理了。"不料田兵听了勃然大怒:"你的毛才长了呢!"结果两人不欢而散。无疑,问题就出在小李的一个"毛"字。郭亮那个地方的人都管头发叫做"头毛",郭亮刚来北京时间不长,言语之中还带着方言,因此不自觉地说了出来。而北京却把"毛"看做是一种侮辱性骂人的话,什么"杂毛"、"黄毛"之类,无怪乎田兵要勃然大怒了。

还有许多其他的语言习惯,如北方称老年男子为老先生,但上海、嘉定人听来,就会当是侮辱他。安徽人称朋友的母亲为老太婆,是尊敬她;而在浙江,称朋友的母亲为老太婆简直就是骂人了。各地的风俗不同,说话上的忌讳也不相同,在说话时,一定要注意这个大的社会背景,不然,一旦说出口就会伤害别人。这在社交场合非常重要。

2. 说话的场合

这一点尤其重要,因为场合对说话的影响比其他因素对说话的影响更为具体直接。场合多种多样,从性质方面看,场合有正式与非正式之分。正式场合指从事公务活动的场所,如报告集会、会场、办公室等,非正式场合指日常交往的娱乐场所,如家庭、商店、街头、电影院等。一般说来,正式场合社会制约性较强,人员众多、庄重典雅,说话时要注意做到准确规范,而非正式场合比较宽松、随便，说话也不必一本正经，应以平易、通俗、幽默为宜。

从氛围方面看，场合有悲痛和喜庆之分。在喜庆的场合应讲一些轻松、明快、诙谐、幽默的话语，在悲痛的场合应讲一些与场合的氛围相融洽的话语。这是起码的要求。如果不注意，就会引起别人的反感。

从对象的数量看，场合有大小之分。有的场合人数较少，甚至只有一个对象，这种场合说话一般较为自由；有的场合人数较多，说话时要考虑到大多数。

3.环境的影响

所谓关系环境是指亲疏远近而形成的环境。人与人之间的关系含义很多，至少包括血缘关系、工作关系、临时关系等。关系深浅不同，说话也应深浅不同。倘若与对方不是相知很深，只是临时关系，你也畅所欲言，无所顾忌，则显得你没有修养；你与他不是净友，却见面劝其这样那样，这显得你冒昧，忠言逆耳。因此，对关系不深的人，大可聊聊闲天，海阔天空吹一吹，对于个人的私事还是不谈为好。但这并不是说对任何事都遮遮盖盖，见面绝不超过三句话。如果是关系不一般，则可以不断地交流思想，促膝谈心，如果对方遇到困难，可帮助对方出出主意，排忧解难。

总之，说话环境是十分重要的。凡是成功的说话都是主动适应环境的结果。说话要做到说话内容与环境的统一，说话形式与说话环境的统一，说话者的外部形象和说话环境的统一。

聆听者听后要有所获益，不能白听一场。有道是，人不可以犯相同的错误，既然别人已经提供了失败的教训，那么聆听者就当吸取前车之鉴，也不枉一听。

把说话的权利留给别人

我们也许有过这样的经历：和别人聊起一个自己很感兴趣的话题时，对方开始打开话匣子，没完没了地说，一开始，自己还觉得很投机，后来就开始不耐烦，接着是厌烦。原因是什么？很简单，对方只顾自己说，而忽略了你。谁都不乐意一味地听别人说话，所以，与人交谈时，即使是一个很好的题材，对方很感兴趣，说话时也要适可而止，不可无休无止，说个没完，否则会令人厌倦。说一个题材之后，应当停一下，让别人发言，若对方没有说话的意思，而整个局面由于你的发言而人心向你，这个时候仍必须由你来支持局面，那么，就必须要另找题材，如此才能引起大家的兴趣并维持其生动活泼的气氛。

在谈话当中，对方的发言机会虽为你所操纵着，但是，在说话过程中，应容许别人说话，给别人说话的机会。更好的方法是找机会诱导别人说话，这样气氛更浓，大家的兴致更高，朋友之间也更融洽。当说到某一节时可征求别人对该问题的看法，或在某种情形时请他试述自己的见解，总之，务必使对方不致呆听着，才不失为一个善于说话的人，不失为一个明智的人。如果话题转了两三次，而别人仍无将说话机会接过去的意思，或没有主动发言的能力，应该设法在适当的时候把谈话结束。即使你精神好，也应该让别人休息。自己包办了大半发言的机会，是不得已时才偶一为之的方法。千万不要以为别人爱听你说话，就不管别人的兴趣而随便说下去，这背离了说话艺术之道。

在社交上，最好的谈话，是有别人的话在里面。那种看来不爱说也不爱听的人，常常坐在一个角落里，吸着香烟，当他偶然听见另外一些人哄然大笑时，也照例跟着一笑，但是，这种笑显然是敷衍的，因为那种笑容随即就收敛了，他的眼光已经移到窗外的墙壁上或者其他的目标上，这种人不会单独来看你。你要明白，这类人或因年纪小，或因学问兴趣较高，而时下在座的其他人比较市井气一点，谈天说地，问题无非是饮食男女、金钱女色，或出语粗俗，言不及义，使较有修养的人望而却步，所以，他才独自躲在一角。只要你知其症结所在，你便可以在几句谈话中探得他的学问兴趣，然后和他谈论下去，这样便很自然引起谈话内容。只要你恰当地提一些问题，就可以保持一个增长你学识的机会。他见你谈吐不俗，在这举世混浊中，一定会引你为知己，如此一来，僵局就打开了。年纪较大或较小的一类，因年龄差距大，社会经历、生活经验不同，因而兴趣不同，趣味也无法相投。所以可以采用上述方法来打开话题。

做个倾听高手

在日常生活中，能聆听别人意见的人，必是一个富于思想，有缜密的思维和谦虚性格的人。这种人在人群中，起初也许不太引人注意，但最后则必是最受人敬重的。因为他虚心，所以受所有人欢迎；因为他善于思考，所以便为众人所敬仰。

怎么去做一位"听话"的高手呢？

首先是要"专注"。别人和你谈话的时候，你的眼睛要注视着他，无论他的地位和身份比你高或是低，你都必须这样做。只有虚浮、缺乏勇气或态度傲慢的人才不去正视别人。

其次，别人和你说话时，不可做一些与此无关的事情，这是不恭敬的表示，而且当他偶然问你一些问题，你就会因为不留心听他所说的话而无从回答了。

聆听别人的话时，偶尔插上一两句赞同的话是很好的，不完全明白时加上一个问号也是非常必要的，因为这正表示你对他的话留心了。

但是，你不可以把发言的机会抢过来，就滔滔不绝地说自己的，除非对方的话已告一段落，该轮到你说话时才可以这样做。

无论他人说什么，你不可随便纠正他的错误，如果因此而引起对方的反感，那你就不可能成为一个良好的听众了。批评或提出不同意见，也要讲究时机和态度，否则，好事会变成坏事。

有些人常喜欢把一件已经对你说过好几次的事情重复地说，也有些人会把一个说了好多次笑话的还当新鲜的东西。

你作为一位听众，此时要练习一次忍耐的美德了。你不能对他说"这话你已经说过多次了"，这样会伤害他的自尊心，你唯一能做的事是耐心地听下去，你心里明白他是一个记忆力不好的人。你应该同情他，而且他对你说话时充满了好感和诚意，你应该同样用诚意来接受他的诚意。

但如果说话的人滔滔不绝而你又毫无兴趣，觉得花时间和精力去应酬他是十分不值得的。这时，你应该用更好的方法，使他停止这乏味的话，但千万要注意，不可伤害他的自尊心。

最好的方法是巧妙地引他谈第二个话题，尤其是一些他内行而你又感兴趣的话题。

为了让自己更会"听话"，最好还要做好以下5个方面的训练：

（1）训练"听话"时的注意力。想听得准确，必须排除干扰。可以用这样的方法来训练：同时打开两台以上的收音机，播放不同内容，然后复述各个收音机播放的内容。

（2）训练"听话"时的理解力。可用这样的方法：找朋友闲聊，但要有意识地锻炼自己的理解力。

（3）训练"听话"时的记忆力。就是学会边听边归纳内容要点，记住关键性词语，以及重要的事实和数据。

（4）训练"听话"时的辨析力。即迅速分辨出争论各方的不同观点和逻辑关系，并加以评析。

（5）训练"听话"时的灵敏力。即能很好地在各种场合与各种对象交谈。经过足够的训练，再经过实际锻炼，你一定会成为一名"听话高手"。

信任是激励的基础

如果对某个人表现出充分的信任，那对方就会在你的这分信任下努力去达到你所期望的目标。对此，成功的大企业家松下幸之助有很深的体会。当他注意观察公司内的员工时总会觉得那些员工比自己优秀，然后他还会对员工说："我对这件事情没有自信，但我相信你一定能够做得到，所以就交给你去办吧。"而员工由于听了他的话而感觉自己被重视，因此会竭尽全力把事情做好。

1926年，松下电器公司要在金泽市设立营业所。松下从来没有去过金泽，但经过多方考察与考虑，还是认为有必要成立一个营业所。但是松下又开始犹豫应该派谁去主持那个营业所。当然，胜任那个工作的高级主管 有不少，但是，那些老资格的管理人员必须留在总公司工作。因为他们当中的谁要是离开总公司，都会对总公司的业务造成不利影响。这时，松下幸之助想起了一位年轻的业务员。

那位业务员当时只有 20 岁，但是，松下不认为年轻就办不好事情。于是，他决定派这个年轻的业务员担任设立金泽营业所的负责人。松下把他找来，对他说："公司决定在金泽设立一个营业所，希望你能去主持这项工作。现在你就立刻去金泽，找个适当的地方，租下房子，设立一个营业所。我已经准备好一笔资金，让你去进行这项工作了。"

　　听了这番话，年轻的业务员大吃一惊。他不解地问："这么重要的职务，让我这个刚进入公司才两年又如此年轻的人去担任，不太合适吧？而且，我也没有多少经验……"

　　但是，松下觉得应该对年轻人表现出足够的信任，于是他几乎用命令的口吻说："你没有做不到的事情，你一定能够做得到的。你想，像战国时代的零藤清正、福岛正泽这些武将，都在十几岁时就非常活跃了。他们在很年轻时就已经拥有了自己的城堡，统率部下，治理领地百姓。还有，明治维新时的志士们不也都是年轻人吗？他们在国家艰难的时期都能够适时地站出来，建立了新时代的日本。你已经超过 20 岁了，不可能这样的事情都做不来的，放心吧，我相信你，你一定能够做到的。"

　　这一番话使得那位年轻的业务员下定决心说："我明白了，您就放心让我去做吧。非常感激您能够给我这个机会，实在是光荣之至，我一定会好好地去干的。"

　　年轻人一到金泽就立即展开准备工作。他每天都会给松下写一封信，告诉他自己正在找房子，后来又写信说房子已经找到，后来又是装修，等等，把自己的进展情形一一向松下汇报。很快，他在金泽的筹备工作完全就绪。于是，松下又从大阪派了两三名员工过去，开设了营业所。

正如松下幸之助所认为的，激励员工的要诀很多，但最重要的还是能够信赖他人，把工作完全交给他。受到信赖、得到全权处理工作的认可，任何人都会无比兴奋，相对地他也会产生责任心并全力以赴地工作。是的，通常一个受上司信任、能放手做事的人往往都会有较高的责任感，因此，上司无论交代什么事情，他都会竭尽全力去做好的。

步步为营，循循善诱

美国前总统华盛顿年轻时，家里的一匹马被邻人偷走了。华盛顿同一位警官到邻人的农场里去索讨，但那人口口声声说那是自己的马而拒绝归还。华盛顿用双手蒙住马的两眼，对邻人说："如果这马是你的，那么，请你告诉我们，马的哪只眼睛是瞎的？"

"右眼。"

华盛顿放开蒙右眼的手，马的右眼并不瞎。

"我说错了，马的左眼才是瞎的。"邻人急忙争辩说。

华盛顿放开蒙左眼的手，马的左眼也不瞎。

"我又说错了……"邻人还想争辩。

"是的,你错了。"警官说,"这证明马不是你的,你必须把马立即交给华盛顿先生。"

华盛顿在这里运用循循善诱,步步为营的方法,让小偷上钩,露出马脚。

同样在销售活动中,销售人员可以采用步步为营,逐渐引诱的方法促使顾客购买商品。通常,在促使顾客作出购买决定之前,销售人员应该有步骤地向顾客提出一些问题,让他就交易的各个组成部分一一作出决定,诱惑深入到购买的圈套内,也可能就一些特殊要求、特殊条件作出决定。特别是一些部件多、结构复杂、配套材料多的商品使用这种方法比较适合。

例如:

售货员微笑着对顾客说:"您喜欢哪一种颜色?"

顾客:"我对蓝颜色较为感兴趣。"

售货员:"您需要一顶太阳篷吗?一些豪华轿车就配有这种太阳篷。尤其是在夏天,轿车是很有必要配备太阳篷的,您难道不这样认为吗?"

顾客:"你说得对,但这处太阳篷太贵了。"

售货员:"各种型号的汽车都装有雾灯。因为当你在秋天、冬天或者在春天比较寒冷的日子里行车的时候,雾灯是必不可少的。"

顾客:"我个人认为配备雾灯是没有必要的。它只会抬高汽车的价格。另外,在天气不好的情况下,我肯定不会经常开车外出的。"

售货员:"把座位往后推到这个位置,你坐在里面感觉舒服吗?坐在这个位置上开车感到很方便吧?"

顾客:"还可以,不过我想座位还是稍高一点好。"

售货员:"把座位调高一点很容易,你看还有哪些地方需要改进?"

如果你分段地有步骤地向顾客介绍产品,顾客就不必马上作出是否正式购买的决定,这样就得诱使顾客深入。尽管他会对产品的供销做出否定的回答,比如上面例子中关于雾灯和座位高低的问题,但是,这对于生意人来说并不是什么坏事情,因为它否定了产品与顾客个人愿望有关的部分而非全部。尽管你和顾客之间有分歧,但只要这个分歧是涉及某个问题,那它就不会对达成交易产生危害。

说服他人时,需要用一种激励的手段,要尊重对方的自尊心,不要随意批评对方。因为考虑问题的角度不同,人们会选择不同的行为来维护自己的权益。批评人的话,非常容易引起对方反感,对方也不会配合你。反而达不到说服的目的。

虽然用利益来说服对方是一种很有用的方法,但是当你说一些有利于对方的事情时,人们还是会怀疑你和你所说的话。这种时候,如果你以另一种方式去说有利于对方的事情时,却可以消除这种怀疑。这种方式就是:不要直接阐述,而是引用他人的话,让别人来替你说话,即使那些人并不在现场,也会达到所要的效果。

找个高帽给他戴

每个人都喜欢听好话，在激励别人时，先给他顶高帽子戴无疑对后期工作的顺利开展有积极的作用。

暗中给对方一个不经意的高帽，即使他很忙也会听下去。

说奉承话是与人交际所必备的技巧，也是有效激励别人的必备武器。奉承话说得得体，会使你更迷人！

奉承别人首要的条件，是要有一份诚挚的心意及认真的态度。言词会反应一个人的心理，因而有口无心，或是轻率的说话态度，很容易被对方识破而产生不快的感觉。再者，要奉承别人时，也不可讲出与事实相差十万八千里的话。

例如，你看到一位流着鼻涕而表情呆滞的孩子时，你却对他的母亲说："你的小孩看起来很聪明！"对方的感受会如何呢？本来是奉承话，却变成很大的讽刺，收到了相反的效果。若你说："哦！你的小孩子好像很健康的样子。"是不是好多了呢？

所以，奉承别人时要坦诚，这样，你所说的奉承话，会超过一般奉承话的阶段，成为真正夸赞别人的话，听在对方耳中，感受自然和一般奉承话不同。

激励别人时，先说些奉承话，给他戴顶高帽子是有益无害的，但说奉承话要区别对象，因人而异。

（1）对于年轻人。年轻人寄希望于自己，自以为前途无量，你如果举出几点证明他的将来大有作为的例子，他一定高兴地引你为知己；你如果称赞他父母如何了不起，他未必感兴趣；你说他是将门之子，把他与父母一并称赞，也许还配他的胃口。

（2）对于老年人。老年人则不然，他历尽沧桑，过去的光阴该什么样就什么样了，对于还未达到的预期目的，已不报十分希望了。他目前最关心的是他的子孙。如果夸他的儿子学识能力都胜过他，出类拔萃，当面"抑父扬子"，他口头上连说"未必，未必，过奖了"，其实，他的心里比蜜还甜，认为你是慧眼识英雄。

（3）对于文人。你如果说他功底深厚，思想新潮，笔下生花，他听了一定高兴。

（4）对于商人。你如果说他学习好，道德好，清廉自守，他肯定会无动于衷；但你若说他脑子灵活，手腕高明，红光满面，日进斗金，他听了会是很高兴的。

（5）对于官员。你如果说他生财有道，定会发大财，会有享不尽的荣华富贵，他不大骂你一顿才怪。你若说他为国为民，清正廉洁，劳苦功高，他定会喜形于色。

第八章

求同存异

——理智互动促成高效对话

gaoxiaoduihua
zenmeshuobierencaikenting
zenmetingbierencaikenshuo

让对方多说话

很多人急于让对方（为了写作的方便，除非特别提及，否则本书中"对方"一词指的是包括两人谈话中的"对方"、演讲中的"听众"等在内的所有场合的说话对象，即泛指的对象）明白自己的意见，话说得太多了。要知道，有时候话说得太多跟不说话的效果差不多。

尽量让对方多说话吧！他们对自己的事情和问题一定比对你了解得要多。所以，在必要的时候，向他们提一些问题，让他们告诉你一些事情。这样做将会使你们的交流更加有效果。

如果你并不同意对方的观点，你可能想去反驳他。可是你千万不要这么做，因为这将是非常危险的。当一个人急于把自己的观点表达出来的时候，他绝对不会注意别人的观点。在这个时候，你要做的事情就是听听他有什么观点，鼓励对方充分地发表自己的意见。

首先，让我们来看看这种策略的运用在商业上的价值。

若干年前，美国最大的汽车制造公司之一正在和三家重要的厂商洽谈订购下一年度的汽车坐垫布。这三家厂商都已经做好了坐垫布的样品，并且已经得到汽车制造公司的检验。汽车制造公司告诉他们，他们可以以同等条件参加竞争，以便公司做出最后的决定。

其中一个厂商的业务代表 R 先生——他后来成为了卡耐基口才训练班的学员——在班上叙述他的经历时说："不幸的是，我在抵达的时候，正患有严重的喉炎。当我参加高级职员会议时，我已经几乎说不出话来了。他们领我到一个房间，该公司的纺织工程师、采购经理、推销经理以及总经理跟我晤面。我站起来，想尽力说话，但是却只能发出沙哑的声音。最后，我只能在纸上写道：各位，对不起，我的嗓子哑了，不能说话。

"'那么，就让我替你说吧！'该公司的总经理看到后说。他帮我展示了我的样品，并且对着大家称赞了它的优点。在他的提议下，大家围绕着样品的优点展开了热烈的讨论。由于那位总经理在替我说话，因此在这场讨论中，我只是微笑、点头以及做了几个简单的手势。

"这个特殊的会议讨论的结果是我赢得了这份订单，和该公司签订了 50 万码的坐垫布。这是我获得的最大的订单——它的总价值为 160 万美元。我很幸运。我知道，假如我的嗓子没有哑，那么，我可能得不到这个订单，因为我对整个情况的看法是错误的。这个经历让我发现，让别人说话是多么的有益。"

交易成功的关键在于，如果你希望别人买你的商品，最好的办法莫过于让他们自己说服自己。在很多情况下，你不能直接向顾客推销你的商品，而要让他们在心底里觉得你的商品确实很有优势，从而主动来买你的商品。

让对方说话，并不只是在商业领域起到了它的作用，也有助于别的方面。比如，它可以帮助你处理家庭中的一些矛盾。

芭芭拉·威尔逊是卡耐基训练班的学员，她和她的女儿罗瑞的关系近段时间迅速恶化。罗瑞以前是个十分乖巧和听话的孩子，但是当她十几岁的时候，却与母亲产生了许多矛盾，拒绝与母亲合作。威尔逊夫人曾试图用各种方法威吓、教训她，但是都无济于事。

"她根本不听我的话，我几乎放弃了所有的努力。有一天，她家务活还没做完，就去找她的朋友玩。当她回来的时候，我照旧骂了她。我已经没有耐心了，我伤心地对她说：'罗瑞，你为什么会这样呢？'

"罗瑞似乎看出了我的痛苦。她问我：'你真想知道吗？'我点头。于是她开始告诉我以前从未跟我说过的事情：我总是命令她做这做那，从来没有想过要听她的意见；当她想跟我谈心的时候，我却总是打断她。我认识到，罗瑞其实很需要我，但她希望我不是一个爱发命令、武断的母亲，而是一个亲密的朋友，这样她才能倾诉烦恼。而以前，我从未注意到这些。从那以后，我开始让她畅所欲言，而我总是认真地听。现在，我们的关系大大改善，我们成了好朋友。"

同样地，让别人说话，可能对你求职也有很大的用处。

纽约《先锋导报》曾刊登了一则招聘广告，他们需要聘请一位有特殊能力和经验的人。查尔斯·克伯利斯看到广告后，把他的资料寄了出去。几天之后，他收到了约他面谈的回信。

"如果能在你们这家有着如此不凡经历的公司做事，我将会十分自豪。听说在28年前，当你开始创建这家公司的时候，除了一张桌子、一间办公室、一个速记员之外什么都没有，简直难以置信。这是真的吗？"在面谈的时候，克伯利斯对与他面谈的老板这样说。实际上，每个成功的人都喜欢回忆自己早年的创业经历，并且十分高兴别人能听他讲下去。这个老板也不例外。他跟克伯利斯谈了很久，谈了他如何依靠450美元现金开始创业，每天工作12到16个小时，在星期日及节假日照常工作，以及他最后终于战胜了所有的困难。最后，这位老板简单地问了克伯利斯的经历，然后对他的副经理说："我想他就是我们正在寻找的人。"

克伯利斯成功的原因可能没有这么简单，但是有一点十分重要：他聪明地提出了一个对方十分感兴趣的问题，并且鼓励对方多说话，因此给了老板很好的印象。

法国哲学家罗司法考说过："如果你想结仇，你就要比你的朋友表现得更加出色；但如果你想要得到朋友，那就要让你的朋友表现得更出色。"他的意思是，当你的朋友胜过你时，他们就会产生一种自重感；但是如果相反，他们就会产生一种自卑感，并且开始对你猜疑和忌妒。

亨丽塔女士是纽约市中区人事局里与别人关系最融洽的工作

介绍顾问。但是一开始有好几个月，亨丽塔在同事中连一个朋友也没有。

"我的工作干得确实很不错，我一直很骄傲。"亨丽塔在卡耐基训练班上说，"奇怪的是，同事们不但不愿意跟我分享我的成绩，而且似乎很不高兴。而我渴望和他们做朋友。在上了这种辅导课之后，我开始按照它去做了，我开始少谈自己，多听同事们说话。我发现，其实他们也有许多值得夸耀的事。对他们而言，把他们的事情告诉我，比听我的自吹更能让他们高兴。现在，每次我们在一起聊天的时候，我都会让他们告诉我他们的故事，共同分享他们的故事。只有当他们问及，我才略微地谈论一下我自己。"

有时候，弱化我们自己的成就会使人喜欢你。德国人有句俗语，大意是：最大的快乐，便是从我们所羡慕的强者那里发现弱点，从而让我们得到满足。是的，你要相信，也许你的一些朋友会从你的挫折或弱点中得到更大的满足。

有一次，一位律师在证人席上对埃文·考伯说："考伯先生，我听说你是美国最著名的作家，是这样吗？"考伯回答说："我不过是徒有虚名罢了。"

考伯的回答方法是正确的。你或许不知道是什么使我们不至于成为白痴，那并不是什么了不起的东西，只是你甲状腺中值5美分镍币的碘而已。而如果没有那点东西，我们就会成为白痴。我们都没有什么了不起的。人终有一死，百年之后，我们中的绝大多数都会被人忘记。生命如此短暂，我们不应该对自己小小的成就念念不忘，这样会使人厌烦的。因此，如果你希望别人的看法跟你一致，使你们的谈话进入佳境，就要鼓励别人多说话——这是你必须要做的事情。

不要和别人争论

第二次世界大战后不久，卡耐基在伦敦得到了一个极为重要的教训。那时，他是澳大利亚飞行家詹姆斯的经理人。在大战期间和结束后不久，詹姆斯成为了世界瞩目的人物。一天晚上，卡耐基参加了欢迎詹姆斯的宴会。那时，坐在卡耐基右边的一位来宾给大家讲了一段诙谐的故事，并在讲话中引用了一句话。

他指出这句话出自《圣经》，而卡耐基恰好知道这句话出自莎士比亚的作品。那时候，为了显得自己有多么突出，卡耐基毫无顾忌地纠正了他的错误。然而那人却说："什么？那句话出自莎士比亚？不可能，绝对不可能。"他坚持认为自己是对的。

当时，坐在卡耐基左边的是卡耐基的老朋友加蒙，他是一个研究莎士比亚的专家。"我们让加蒙来决定我们谁是正确的"。加蒙在桌子底下踢了卡耐基一脚，然后说："卡耐基，你是错的，这句话的确出自《圣经》。"

宴会之后我们一起回家。卡耐基责怪加蒙说："你明明知道那句话是出自莎士比亚之口，为什么还要说我不对呢？"

"是的，一点都不错。"加蒙说，"那是莎士比亚的《哈姆雷特》第五幕第二场中的台词。可是卡耐基，我们都是这个宴会上的客人，为什么我们一定要找出一个证据，去指责别人的错误呢？你这样做会让别人对你产生好感吗？你为什么不能给他留一点点面子呢？他并不想征求你的意见，也不想知道你有什么看法，你又何必去跟他争辩呢？记住这一点，卡耐基：永远不要跟他人发生正面冲突。这是一个真理。"

"永远不要和他人发生正面冲突。"说这句话的人现在已经不在这个世界上了，可是我们要永远记住这句话。

这个教训给了卡耐基极大的震动。卡耐基原来是一个固执己见的人，从小就喜欢跟人辩论。读大学的时候，卡耐基对逻辑和辩论十分感兴趣，经常参加各种辩论比赛。后来，卡耐基在纽约教授辩论课，甚至还计划着手写一本关于辩论的书。

那天之后，卡耐基又聆听了数千次辩论，并且十分注意每次辩论会之后产生的影响。他得出一个结论，它也是一个真理：天下只有一种方法能得到辩论的最大胜利，那就是像避开毒蛇和地震一样，尽量去避免辩论。

卡耐基还发现，在辩论之后，十有八九，各人还是会坚持自己的观点，相信自己是绝对正确的。

你应该知道，当人们被迫放弃自己的意见而同意他人的观点的时候，就算他看起来是被说服了，实际上他反而会更加固执地坚持自己的意见。

巴恩互助人寿保险公司为他们的职员定下了这么一条规定：不要争辩。他们认为，一个好的推销员是不会跟顾客争辩的，即使是最平常的意见不合，也应该尽量避免。因为人的思想是不容易改变的。

老富兰克林的话正好可以说明这一点："如果你辩论、反驳，或许你会得到胜利，可是那胜利是短暂、空虚的，而你将永远也得不到对方对你的好感。"空虚的胜利和人们对你的好感，你希望得到哪一样呢？

在威尔逊总统任职期间担任财政部长的玛度，以他多年的从政经验告诉人们一个教训："我们绝不可能用争论使一个无知的人心服口服。"卡耐基认为：你别想用辩论改变任何人的意见，而不只是无知的人。

下面再举一个例子。所得税顾问派逊先生，曾经为了一笔9000美元的账目问题和一位政府税收稽查员争论了一个小时。派逊的意见是：不应该征收人家的所得税，因为这是一笔永远无法收回的呆账。而那位稽查员却认为必须要缴税。

派逊在卡耐基讲习班上讲了后来的情形：

"他冷漠、傲慢、固执，跟这种人讲理，就如同在讲废话。越跟他争辩，他越是固执己见。后来我决定不再继续跟他争论下去，于是就换了个话题，还赞赏了他几句。

"'由于你处理过许多类似的问题，'我这样对他说，'所以这个问题对你来说肯定是小菜一碟。而我虽然也研究过税务，但不过是纸上谈兵。你当然知道，这些是需要实践经验的。说实在话，我非常羡慕你有这样的一个职务，这段时间让我受益匪浅。'

"当然，我跟他讲的，也都是实在话。那位稽查员挺了挺腰，就开始谈他的工作，讲了许多他所处理的舞弊案件。他的语气渐渐平和下来，接着又说到自己的家庭和孩子。临走的时候，他对我说他打算回去再把这个问题考虑一下。

"三天后，他来见我，说那笔税按照税目条款办理，不再多征收。"

这位稽查员的身上，显露出了人性的一个常见的弱点，即希望得到别人的认同。当派逊跟他争辩的时候，他显得十分有权威，希望以此来建立自尊；而当派逊认同他的时候，他就随即变成了一个和善的、有同情心的人，从而自然而然地停止了争论。

释迦牟尼说过："恨永远无法止恨，只有爱才可以止恨。"因此，误会不能用争论来解决，而必须运用一定的外交手腕和给予别人的认同来解决。

林肯曾经这样斥责一位与同事争吵的军官："一个成大事的人，不应处处与人计较，也不应花大量的时间去和他人争论。无谓的争论不仅会有损你的教养，而且会让你失去自控力。尽可能对别人谦让一些。与其挡着一只狗，不如让它先走一步。因为如果被狗咬了一口，就算你把这只狗打死，也不能治好你的伤口。"林肯的话也应该成为你的行动准则。

永远不要指责他人的错误

在研究青年时代的林肯的时候，我们惊奇地发现：胸襟博大的林肯一开始竟然是一个以指出别人的错误为乐的人。在他年轻的时候，他非常喜欢对别人进行评论，并且经常写信讽刺那些他认为很差劲的人。他常常把信直接丢在乡间路上，使别人散步的时候能够很容易看到。即使在他当上了伊里诺州春田镇的见习律师以后，他还是经常在报纸上抨击那些反对者。

1842年的秋天，林肯经历了一件令他刻骨铭心的事情。当时他写了一封匿名信发表在《春田日报》上，嘲弄了一位自视甚高的政客詹姆斯·希尔斯。这封信使希尔斯受到了全镇人的讥笑。希尔斯愤怒不已，全力追查写信人，最后查到是林肯写的那封信。他要求和林肯决斗，以维护自己的名誉。本来林肯并不喜欢决斗，但是却无可奈何，只能答应。他选择了骑士的腰刀作为他的武器，并且请了一位西点军校毕业生来指导他的剑术。

数日来，林肯一直处在一种十分愧疚和自责的状态下，因为这一切都是他指责对方的错误而导致的。他在这样的心态下等待着那惊心动魄的时刻的到来。幸好——非常意外地——在决斗开始的前一刻，有人出面阻止了这场决斗。

为了指责别人的错误而被迫与别人一决生死，这是多么愚蠢的一件事。林肯终于决定以后再不做这样的事情了。他不再写信骂人，也不再为任何事指责任何人。

内战期间，林肯好几次调换了波多马克军的将领，但是这些将领却屡次犯错。人们无情地指责林肯，说他用人不当。林肯并没有因此而对这些将领进行指责，而是保持了沉默。他说："如果你指责和评论别人，别人也会这样对你。"他还说："不要责怪他们，换作是我们，大概也会这样的。"

1863 年 7 月 3 日开始的葛底斯堡战役是内战期间最重要的一次战役。7 月 4 日，李将军率领他的军队开始向南方撤离。他带着败兵逃到了波多马克河边，他的前面是波涛汹涌的大河，身后是乘胜追击的政府军。对北方军队而言，这简直是天赐良机，完全可以一举歼灭李将军的部队，从而很快地结束内战。林肯命令米地将军果断出击，告诉他不用召开紧急军事会议。为了确保命令的下达，他不仅用了电报下令，另外还派了专门人员传达口讯给米地将军。

结果呢？米地将军并没有遵照林肯的命令行事，而是召开了紧急军事会议。他借故拖延时间，甚至拒绝攻打李将军。最后，李将军和他的军队顺利地渡过了波多马克河，保存了实力。

当听到这个消息后，林肯勃然大怒—— 他从来没有这么愤怒过。失望之余，他写了一封信给米地将军。信的内容是这样的：

"亲爱的米地将军：

我不相信，你也会对李将军逃走一事感到不幸。那时候，他就在我们眼前，胜利也就在我们眼前。而现在，战争势必继续进行。既然在那时候你不能擒住李将军，如今，他已经到了波多马克河的南边，你怎么取得胜利？我已经不期待你会成功，而且也不期待你会做得多好。机不可失，时不再来，我对此深感遗憾。"

你可以猜测一下米地将军读到这封信的时候会有什么表情。但是，你可能会感到意外的是，他根本没有收到过这封信，因为这封信林肯并没有寄出去——人们是在一堆文件里发现它的。

林肯忘记把这封信寄出去了吗？这是不可想象的。众所周知，这是一封十分重要的信件。有人回忆了当时的情景：

"这仅仅是我的猜测……"林肯在写完这封信时，心里想道，"当然，也许是我性急了。坐在白宫，我当然能够看得更加清楚，也更加能够指挥若定。但是，如果我在葛底斯堡的话，我成天看见的是因为伤痛而嚎哭的士兵，或者成千上万的尸骨，也许那样，我就不会急着去攻打李将军了吧！我一定也会像米地将军一样畏缩的。现在，既然事情已经发生了，唯一能做的就是承认它。至于这封信，如果我把它寄出去的话，我想除了让自己感到愉快之外，将不会有任何其他的好处。相反，它会使米地将军跟我反目，迫使他离开军队，或者断送他的前途。这是大家都不愿意看到的。"

于是，林肯把那封已经装好的信搁在了一边。因为他相信，批评和指责所得的效果等于零。

林肯总统从以前总爱指出别人的错误到后来如此宽容的巨大

转变，给我们树立了一个榜样。他以自己的切身经验告诉我们：永远不要指责他人的错误。

当年，西奥多·罗斯福入主白宫的时候说，如果他在执政期间能有75%的时候不犯错，那就达到了他的预期目的了。这位20世纪最杰出的人物尚且如此，那么作为普通人的你我呢？假如你确定自己能够做到55%的正确率，你就可以去华尔街，在那里你可以日进100万美元，丝毫没有问题。如果你没有这样的把握，那么你也不要去说别人哪里对哪里错了。

事实上，大多数人都不会进行逻辑性的思考，他们都犯有主观的、偏见的错误。多数人都有成见、忌妒、猜疑、恐惧以及傲慢的心理，而这些缺点将给他们的判断带来影响。如果你习惯于指出别人的错误的话，请你认真阅读下面的这段文字。它摘自于著名心理学家卡尔·罗吉斯的《怎样做人》一书。

"当我尝试了解他人的时候，我发现这实在很有意义。对此，你可能会感到奇怪，你可能会想：我们真的有必要这样去做吗？我认为，这是绝对必要的。我们在听到他人说话的时候，第一反应往往是进行判断或进行评价，而不是尽力去理解这些话。当别人说出某种意见、态度或想法的时候，我们总是会说'不错'、'太可笑了'、'正常吗'、'这太离谱了'等等评论性的话。而我们却很少去了解这些话对说话人有什么意义。"

另外，詹姆斯·哈维·鲁宾逊教授在《决策的过程》中写了下面一段话，对我们也很有启迪意义。

"……我们会在无意识中改变自己的观念。这种改变完全是潜移默化而不被我们自己注意的。但是，一旦有人来指正这种观念，我们一般会极力地维护它。很明显，这并不是因为观念本身的可贵，而是因为我们的自尊心受到了伤害……在为人处世时，'我的'这个词既简单又重要。妥善地处理好这个词，是我们的智慧之源。无论是'我的'饭、'我的'狗、'我的'屋子、'我的'父亲，还是'我的'国家、'我的'上帝，都拥有同样巨大的力量。我们不仅不喜欢别人说'我的'手表不准或'我的'汽车太旧，也不喜欢别人纠正我们对于火星上水道的模糊概念，以及对于水杨素药效的认识，或对于亚述王沙冈一世生卒年月的错误……我们总是愿意相信我们所习惯的东西。当我们所相信的事物被怀疑时，我们就会产生反感，并努力寻找各种理由为之辩护。结果怎样呢？我们所谓的理智、所谓的推理等等，就变成了维系我们所习惯的事物的借口了。"

在这样的情况下，我们得出的判断可靠吗？当然不可靠。既然自己都不能确信自己就是对的，我们还有资格对别人指手画脚吗？

当然，如果一个人说了一句你认为肯定错误的话，而且指出来对你们的交流会有好处的话，你当然可以指出来。但是，你应该这么说："噢，原来是这样的。不过我还有另外一种想法，当然，我可能不对——我总是出错。如果我错了，请你务必毫不客气地指出来。让我们看看问题所在。"

用这类话，比如"我也许不对"、"我有另外的想法"等等，确实会收到神奇的效果。无论何时，无论何地，不会有人反对你说"我也许不对，让我们看看问题所在"。

柏拉图曾经告诉人们这样一个方法："当你在教导他人时，不要使他发现自己在被教导；指出人们所不知的事情时，要使他感到那只是提醒他一时忽略了的事情。你不可能教会他所有的东西，而只能告诉他怎么处理这种事情。"英国 19 世纪的著名政治家查斯特费尔德对他的儿子这样说："如果可能，你应该比别人聪明；但绝不能对别人说你更加聪明。"

永远不要这么说："我要给你证明这样……"这对事情无益，因为你等于在说："我比你聪明，我要告诉你这样去做才是对的。"你以为他会同意你吗？绝对不会，因为你直接打击了他的智慧、他的判断力以及他的自尊。这永远不会改变他的看法，他甚至有可能起来反对你。即使你用严谨如柏拉图或康德的逻辑来和他辩论，你也不能改变他的看法。因为，你已经伤害了他的感情。

如果你确定某人错了，你就直截了当地告诉了他，那么结果会怎么样呢？让我们来看看具体的事例，因为事例可能更有说服力。

F 先生是纽约的一位青年律师，曾参加过一个重要案件的辩论。这个案件由美国最高法院审理。在辩论中，一位法官问 F 先生："《海事法》的追诉期限是 6 年，是吗？"

F 先生有些吃惊，他看了法官一会儿，然后直率地说："审判长，《海事法》里没有关于追诉期限的条文。"

人们顿时安静了下来，法庭中的温度似乎降到了零度。F 先生是对的，法官是错的，F先生如实地告诉了法官。但是结果如何呢？尽管法律可以作为F先生的后盾，而且他的辩论也很精彩，可是他并没有说服法官。

F先生犯了一个大错，他当众指出了一位学识渊博、极有声望的人的错误，所以他失败了。他这样做有益于事情的解决吗？事实证明，一点也没有。

即使在温和的情况下，也不容易改变一个人的主意，更何况在其他情况下呢？当你想要证明什么时，你大可不必大声声张。你需要讲究一些策略，使对方在不知不觉中接受你的观点。

如果你想要在这方面找一个范例的话，我建议你读一读本杰明·富兰克林的自传。在这本书里，富兰克林讲述了他是如何改变争强好胜、尖酸刻薄的个性的。

富兰克林年轻的时候总是冒冒失失。有一天，教友会的一位老教友教训了他一顿："你可真的是无可救药。你总是喜欢嘲笑、攻击每一个跟你意见不同的人，而你自己的意见又太不切实际了，没人接受得了。你的朋友一致认为，如果没有你，他们会更加自在。你知道的东西太多了，没有什么人能够再教你什么，而且也没有人愿意去做这种事情，因为那是吃力不讨好的。可是呢，你现在所知又十分有限，却已经学不到什么东西了。"

富兰克林决定接受这尖刻的责备，实际上他那时候已经很成熟和明智了，但是他知道这是事实，而且对他的前途有害无益。富兰克林回忆说：

"我订下了一条规矩：不许武断、不允许伤害别人的感情，甚至不说'绝对'之类的肯定的话。我甚至不容许自己在自己的语言文字中使用过于肯定的字眼，比如'当然'、'无疑'等等，而代之以'我想'、'我猜测'、'我想象'或者'似乎'。当我肯定别人说了一些我明明知道是错误的话，我也不再冒冒失失地反驳他，不再立即指出他的错误来。回答时，我会说'在某种情况下，你的意见确实不错；但是现在，我认为事情也许会……'等等。很快地，我就发现了我的改变所带来的效果。每次我参与谈话，气氛都变得融洽和愉快得多。我谦逊地表达自己的意见，不但让别人能够容易接受，而且还会减少一些冲突。而当我犯了错误的时候，我也不再难堪；当我正确的时候，更加容易使对方改变自己的看法而赞同我。

"一开始，采取这种方法的确跟我的本性相冲突，但是时间一长，也就越来越习惯了。在过去的50年里，我没有再说过一句过于武断的话。当我提议建立新法案或修改旧法律条文能得到民众的重视，当我成为议员后能具有相当大的影响力，都要归功于这一习惯。虽然我并不善辞令，没有什么口才，谈吐也比较迟缓，甚至有时还会说错话，但一般而言，我的意见还是会得到广泛的支持。"

你要知道，在将近2000年前，耶稣就已经说过："尽快跟你的敌人握手言和吧！"而在耶稣诞生之前的2000多年前，古埃及国王阿克图告诫他的儿子说："谦虚而有策略，你将无往不胜。"我们似乎也可以这么理解：不要同你的顾客或你的丈夫争论，不要指责他错了，不要刺激他，你需要讲究一些策略，这样你才会成功。

勇敢地承认自己的错误

乔治·华盛顿总统在很小的时候就显示出了许多优秀的品格。他家的种植园中种有许多果树。有一次，乔治的父亲华盛顿先生从大洋对岸买了一棵品种上佳的樱桃树。华盛顿先生非常喜爱这棵樱桃树，他把树种在果园边上，并告诉农场上的所有人要对它严加看护，不能让任何人碰它。

一天，华盛顿先生交给乔治一把锋利的小斧子，让他去清理杂树，然后自己就出去了。乔治十分高兴自己拥有一把锋利的小斧子，所以拿着它在种植园中乱砍杂树。可能是因为太高兴了，他一不小心就砍倒了那棵樱桃树。

那天傍晚，华盛顿先生忙完农事，把马牵回马棚，然后来果园看他的樱桃树。没想到，自己心爱的树居然被砍倒在地。他问了所有人，但谁都说不知道。就在这时，乔治恰巧从旁边经过。

"乔治，"父亲用生气的口吻高声喊道，"你知道是谁把我的樱桃树砍死了吗？"

乔治看到父亲如此愤怒，他意识到是自己的一时冲动闯了祸。他哼哼叽叽了一会儿，但很快恢复了神志。"我不能说谎，"他说，"爸爸，是我用斧子砍的。"

华盛顿先生这时候已经冷静了下来，他问乔治：

"告诉我，乔治，你为什么要砍死那棵树？"

"当时我正在玩，没想到……"乔治回答道。

华盛顿先生把手放在孩子肩上。"看着我，"他说道，"失去了一棵树，我当然很难过，但我同时也很高兴，因为你鼓足勇气向我说了实话。我宁愿要一个勇敢诚实的孩子，也不愿拥有一个种满枝叶繁茂的樱桃树的果园。一定要记住这一点，儿子。"

乔治·华盛顿从未忘记这一点。他一直像小时候那样勇敢、受人尊敬，直至生命结束。

在纽约的一家汽车维修店里，曾经发生过一件勇敢地承认自己错误的事情。

布鲁士新进这家维修店不久，就因为热情的工作态度得到了老板和同事们的一致好评。

但是一天，由于一时大意，布鲁士把一台价值5000美元的汽车发动机以2500美元的价格卖给了一位顾客。同事们给他出主意，让他立即追回那位顾客；如果追不回，还可以私下里垫上这2500美元。可是布鲁士觉得这些方法都不好，他决定向老板承认错误。那些同事阻止他，认为他这么做简直太蠢了，因为这会导致他失去这份工作。但是布鲁士却坚持自己的主意。

布鲁士拿着一个装了钱的信封来到了老板的办公室。"对不起，布朗先生，"布鲁士说道，"今天，由于个人的原因，我犯了一个很大的错误，使维修店损失了 2500 美元。我为我犯了这样的错误而感到羞耻，并打算辞去这份工作。在走之前，我打算把这笔损失补上。这是我的 2500 美元赔款，请您收下。"

老板听后，沉默了一会儿，然后对布鲁士说："你真的打算这么做吗？"

"是的，布朗先生，"布鲁士回答道，"我把发动机的价格搞错了，确实是我犯下了这个错误，因此只有我自己来承担这个责任。我本来可以去找那位顾客，但是这样会损害维修店的声誉。而我，对这件事情负有全部的责任。因此，我只能这么做。"

布鲁士这种勇敢承认自己错误的行为打动了老板。他知道，任何人都会犯错误，关键是要有承认和改正自己的错误的勇气。所以，老板并没有批准布鲁士辞职，而是给了他更大的发展空间，也更加器重他，而布鲁士则因为勇敢地承认自己的错误而获得了比 2500 美元多得多的东西。

史狄芬是一家裁缝店的老板，由于他经营有道，裁缝店的生意很好。一天，一位叫哈里斯的贵妇人来到店里，要求赶做一套晚礼服。史狄芬做完礼服之后，却发现礼服的袖子比要求的长了半寸。不幸的是，他已经没有时间再进行修改了，因为哈里斯太太规定的时间已经到了。

当哈里斯太太来到店里取她的晚礼服的时候，她并没有发现有什么问题。她试穿上晚礼服，发现它为自己平添了许多气质，于是连连称赞史狄芬的高超手艺。不料，等她试完之后打算按照原定的价格付钱时，史狄芬却拒绝接受。于是，哈里斯太太问他为什么。

"太太，"史狄芬说，"我之所以不能收你的钱，是因为我犯了一个很大的错误——我把你的晚礼服的袖子做长了半寸。我很抱歉，我希望你能够原谅我。如果你能够给我一点时间的话，我将免费为你把它做成你需要的尺寸。"哈里斯太太听完话后，一再强调她对这件礼服很满意，而且并不在乎袖子长那么半寸。

但是，她并不能说服史狄芬接受这套礼服的钱，最后，她只得让步。

哈里斯太太回去对她的丈夫说："史狄芬以后一定会出名的，他认真的工作、精湛的技术、诚恳的态度使我坚信这一点。"

事实果然如此，史狄芬后来成为了世界有名的服装设计师。

我们可以举出上千个这样的例子来。这个道理人人都懂，只是实行起来有一些困难罢了。要强调的是，如果你确实想要成功，就一定要勇敢地承认自己的错误。

沉默不见得永远是金

我们常常说："沉默是金。"大部分人都认为，有些事情只要你心里知道就行了，没有必要把它们说出来。说出来有什么好处呢？人们可能说你爱表现自己，没有谦虚、谨慎的优秀品德。

沉默是金吗？这个问题不好回答，因为说话是一门大学问——有时候你想说却不能说；有时候你想说却不该说；有时候你想说却不会说；有时候你想说却不用说；还有些时候，你需要说却不愿说。古代希腊有人把寓言比做怪物，它可以用美好的词语来赞美你，也可以用最恶毒的方式攻击你；它能把蚂蚁说成大象，也可以把大象说成蚂蚁。

一个新员工陪同一位公司的经理去参加一次业务谈判。在谈判的过程中，这位新员工为了表示对经理的尊重，自始至终不发一言。谈判结束后，新员工马上就被辞退了。这位新员工可能到最后都不明白自己为什么会被辞退。

还有一个类似的例子，也是一个员工和他的上司一起去参加一次谈判。这位员工发现了一个很重要的问题，他不知道这个问题是上司还没来得及讲，还是上司觉得没有必要说出来。他很想问上司到底是怎么回事，因为这个问题可能会使公司损失上百万。最后，当他发现谈判可能快要结束的时候，他终于决定提醒上司。但是很遗憾，因为种种原因，直到上司和对方签订了合同，他还是没有把这个问题提出来。这次的"沉默"使公司损失了上百万。

沉默往往是那些自以为别人已经了解自己内心想法的人做的事情。他们以为，自己已经做了种种暗示，也看到了对方似乎明白他们的意思，因此不必把话说出来。但事实是，每个人最关心的都是自己，如果不是特别敏感或者对对方特别熟悉的人，别人不会对他人进行深入细致的观察，从而从他人的表情或别的细微动作中判断出他的心理。况且，即使他们猜到了，他们也会对此抱有疑问，因为他们的猜测并没有得到证实。

说话有那么麻烦吗？说话比其他事情更让人们犯难吗？

实际上，懂得说话是一个现代人必须要具备的本领。在今天这样的时代，探讨学问、接洽业务、传授技艺，还有交际应酬、传递信息等等都离不开说话。一个人如果会说话，不仅能把自己的意见完整地表达出来，还能在某种程度上直接体现自身的能力。而你如果不说话，会达到这样的效果吗？

沉默往往导致你没有办法得到这种认可，从而也阻止了你成功的步伐。有些人不喜欢说话，完全是出于自卑心理，或者因为某种原因而不屑开口说话。把话说出来是很重要的一步，无论你表达了什么样的观点。而与人的交流是人进步的阶梯，为了不做"沉默的智者"，你甚至可以做"说话的矮子"，以后，你会变成一个会说话的智者的。

马雅可夫斯基说过："语言是人的力量的统帅。"语言表达在社会生活和人际交往中都有十分重要的地位。美国诗人佛罗斯特从说话的角度，把一般人分成两类：一类是满腹经纶却说不出话来的人，而另一类是胸无点墨却滔滔不绝的人。他的认识十分深刻，我们在生活中可以看到知识丰富却不善言辞的人，也经常有不学无术的人废话连篇。

可能还有另外一种情况，那就是你应该说"不"的时候却选择了沉默。玛丽和约翰以及他们的很多同事被邀请参加一个由著名演讲者参加的宴会。玛丽高高兴兴地参加了。在宴会上，公司的人一起买了许多食物，但是玛丽一点都不饿，她只吃了一个烤土豆，而别的同事一般都吃了好几道菜。葡萄酒和香槟可以随便喝，她也没有喝一口。宴会结束后，大家决定平摊费用。于是，玛丽为了一个烤土豆花了 70 美元。

第二天，玛丽抱怨这件事情太不公平了。但是她没有想这种不公平是谁造成的。是她的同事们吗？不是。真正的原因在于她自己附和了他们的决定，保持了沉默。

同样参加宴会的约翰，在面对这样的情况时，对同事们说：

"我不想跟大家平摊，因为我总共才喝了一杯饮料。我愿意为这杯饮料买单，即使稍微高一点也可以。我愿意付 20 美元。"

一开始，大家都觉得十分尴尬，因为这好像有点抠门。但是过了一会儿之后人们发现，对约翰来说，只有这样才是公平的。他并没有受到同事的指责。

你是不是也遇到过这样的情况呢？当你被邀请参加一个聚会，虽然你事先已经决定去图书馆，可还是不得不停止读书的计划，只因为你保持了沉默。而另外某天，同事让你第二天帮她买一张车票，因为她听说你住得离车站比较近——而实际情况并非如此——她以为你只要花几分钟就能买到，于是你答应了，但后来你发现必须为此请一天假。这样的时候，你为什么还要保持沉默呢？

所以，需要你讲话的时候，千万不要保持沉默。

说话不能太直接

柯立芝总统执政的时候，一个朋友应邀到白宫做客。他听见柯立芝总统对他的女秘书说："你今天穿的衣服很漂亮，你真是一位漂亮的女孩子。"平时沉默寡言的柯立芝总统，一生很少称赞别人，但是却对他的女秘书说出这样的话来，这使得那位女秘书听了之后，脸上顿时泛起一片红晕。柯立芝总统接着说："别不好意思，我所说的话，都是发自内心的。不过，从现在起，我希望你注意文件上的标点符号，不要再出现类似的错误了。"

理发师在替人刮胡子时，通常会先敷上一层肥皂水，使顾客的脸不至于受伤。这跟柯立芝总统的方法有异曲同工之妙。柯立芝总统运用的方法，也是不直接说出对方的缺点，而是先赞美对方。在这样的情况下，我们提出的意见才不至于引起别人的反感，因此也更加容易达到让别人改正错误的目的。

我们在一般情况下是一看到对方有什么问题，就直截了当地指出来。但是，在更多的时候，我们只有含蓄一点、委婉一点，才能达到自己的目的。另外有些时候，因为环境、气氛、心理等等因素，有些东西不方便直接说出来，也必须要用比较委婉的语言来表达，即通常所说的"转着弯儿说"。只有这样，才不会给对方和自己带来不良的影响，从而不会破坏谈话的情绪，甚至阻碍谈话的进行。

委婉和含蓄往往是联系在一起的。它并不是含混其词，其结果也是说出了自己的观点，只是比较隐蔽而已。它是一种比直接说话更加富有智慧、更加具有魅力的表达技巧。其根本目的是通过另外一种更加合适的方式表达自己的观点，或者使别人被自己说服。培根说过："含蓄和得体比口若悬河更加难能可贵。"

确实，在某些场合，委婉、含蓄地说话比直接说出来效果要好得多。一次，年轻的莫泊桑向著名作家布耶和福楼拜请教诗歌创作。两位大师一边听莫泊桑的诗歌朗读，一边喝香槟酒。听完之后，布耶说："你这首诗，句子虽然有些小疙瘩，像块牛蹄筋，但是我读过更坏的诗。你这首诗就像这杯香槟酒一样，勉强还能吞下。"这个批评虽然很严厉，但是却因为比喻的运用而减少了它的分量，给了对方一些安慰。

一个人在禁止捕鱼的地方网鱼，这时候，来了一个警察。捕鱼的人心想这下肯定糟了，不料，那位警察却出乎意料地用非常友好的口气对他说："先生，你在此洗网，下游的河水岂不是要被你污染了吗？"这句话使捕鱼者十分感动，他立即诚恳地道歉，并且把渔网收了起来。而在此之前，他本来想跟警察讨论一下这里为什么要禁止捕鱼呢！

在一家高级餐馆里，一位顾客坐在桌旁，却把餐巾系在了脖子上。这种不文雅的行为很快引起了其他顾客的不满。餐厅经理叫来了一位服务生，对他说："你必须想办法使这位先生不再做这种不文雅的举动，你要让他知道，在我们这样的高级餐厅，这种行为是不被允许的。但是你必须尽量给他保留尊严。"这可是个十分棘手的问题。那位侍者想了想，然后走到那位顾客旁边，礼貌地对他说："先生，请问你是要理发呢，还是打算刮胡子？"刚说完，顾客就意识到了他的不文雅的行为，并且赶紧取下了餐巾。

　　这位侍者并没有直接指出那位顾客的不当行为，而是拐弯抹角地问了一件与餐馆毫不相干的事情。表面上看来，这位侍者好像是问错了，但是正是这种问话，才起到了既顾及顾客的面子，又提醒了他的不当行为的作用。

　　一般的人对陌生人似乎很委婉，看起来的确很客气，但是他们认为对熟悉的人就不必如此了。这种想法当然是错误的。要知道，不论是陌生人还是熟悉的人——即使是你的亲人，他们都希望自己被别人尊重。他们与陌生人只有一个差别，那就是陌生人可能会暂时接受你的看法，但是却并不会在心底里赞同你。

　　本拉说服他儿子的做法，有值得我们借鉴的地方。

　　一天晚上，本拉的太太拿电话账单给他看："你看看，我们的儿子在我们去欧洲旅游的时候，打了多少长途电话。"接着她指着某一天的记录说，"单这一天，就打了1小时40分钟！"

　　"什么？！"本拉意识到这样的行为再发展下去，可能会耽误儿子的学习，于是就准备上楼去教训他。但是，本拉站起来又坐了下去，因为他想到自己现在正在气头上，还是不要说的好，而且他需要找点技巧去说服他已经 16 岁的儿子。

本拉把话忍到了吃午饭的时候。他在饭桌上装作毫不经意地说："约翰，暑假快结束了，你马上要回学校了，你抽时间查查看哪家电话公司打长途电话便宜。"然后他又来了个急转弯，"咳，你这学期应该挺忙的，也没多少时间打电话，我是多操心了。"

儿子马上领会了父亲的意思，他不好意思地说："是啊是啊，我因为要回学校，跟同学联络，上个月打了很多电话。以后不会这样了。"

就这样简单！本拉先生把省钱、少打长途电话、用功读书这些意思都表达清楚了，他换了一个方法，因此也没有产生什么不快。

听起来是不是很简单？确实这样。但是你必须想到这么去做，才能做得很好。

随声附和最没特点

随声附和在多数情况下可以被看作是一种善意的成全。你有可能为了顾及到对方的面子，有时候的确为了表示自己没有任何看法，从而显示出你没有独立的个人意识。在很多情况下，随声附和是一种没有独立思想的表达方式，它容易让人觉得你比较虚伪。

从不盲从的爱默生说："要想成为真正的'人'，必须是一个不盲从的人。你心灵的完整性是不容许被侵犯的……当你放弃自己的立场，而用别人的观点去看问题的时候，错误便产生了。"这段精彩的话，对那些企图通过遵从别人的观点而赢得人际交往成功的人而言，无疑是一个很大的震撼。

一些涉世未深的人常常会害怕自己与众不同，因此，他们从穿着、行为、语言，甚至是思维方式上模仿别人，以便能够得到对方的认同。她们经常会说"别的女孩像我这么大，都已经开始谈恋爱了"，"玛丽的爸爸并不反对她搽口红"等等。

很多时候，我们思考和判断的结果可能确实跟很多人一样，比如，我们会发现诚实是最好的行动指南。这不是因为人们这么说了，而是我们根据自己的观察、思考和判断得出了这个结论，我们的确认为犯罪是不应该的和理应受到惩罚的。这自然不能算做盲从和因袭，正好相反，这才是真正的独立人格和独立意识。幸运的是，正是因为我们大多数人都会相信诸如诚实这样的原则是很重要的和正确的，我们的社会才不至于失去正义和美。否则，我们的社会就要陷于一片混乱了。

但是，世事都不是绝对的。一些重要的基本原则，因为时代的变迁和地点的变化，都有可能发生具体的改变，甚至有可能发展到与原来意义截然相反的地步。比如，刑讯逼供在原来是人们所公认为合理的，但是现在也变成了可以质疑的制度。正是那些不因袭前世的改革推动了社会的进步，这才是文明进步的动力。

　　我们有时候随声附和他人的观点，可能并不是因为自己没有独立的思想，而是出于某种考虑。比如，我们都知道，反对别人的意见是一件不那么容易或者至少会给我们带来不愉快的事情，因此也就不那么急于反驳别人了。大部分人都宁愿对朋友的观点保持赞同的态度——即使有不满意的地方——因为他们不愿意让自己的朋友感到难堪；而反对朋友的观点，则可能会让朋友与自己产生隔阂。一般的人，容易摇摆在各种意见之间，因为我们可能这么认为：既然有那么多人同意，那么它想必是对的，而我所想的可能是错的。我们的信念可能就在这样的摇摆之间动摇、改变以至于松垮。我们对自己的判断失去信心导致了这一点。但是，那些能够说出自己不同意见的人却截然相反。在一次聚会上，在场的人都赞成某一个观点，除了一位男士。他毫无顾忌地表示自己对此表示反对。后来有人非常尖锐地问他的观点是什么，他微笑着说："我本来不打算发表自己的意见，因为这是一个愉快的社交聚会。本来我希望你们不要问我。但是，既然如此，我还是把自己的观点表达出来吧！"于是他说了自己的看法，并且对之前的那个意见进行了批驳。可以想象，他立即遭到了许多人的诘难。但是，他却始终面带微笑，坚定不移地固守着自己的观点，毫不让步。虽然最后彼此都没有说服对方，但是他却赢得了大家的尊重，因为他有着自己独立的判断。

　　在这方面，爱默生所采取的立场值得我们敬重。他认为，每个人对自己和社会、神都有一种责任，那就是好好地利用自己所具备的能力，以增进全人类的福祉。他在世的时候，那些反对奴隶制度的人都希望得到他的支持。虽然他也同情他们，希望他们的运动能够获得成功，但是他知道自己不是适合做这种事情的人——而众所周知的是，一个人只有做最适合自己的事情，才可能发挥最大的作用——所以，他拒绝了做这件事情，而选择了做其他的有利于人类福祉的工作。为此，他曾经遭到巨大的误解，但是他却毫不动摇。坚持不迁就他人的原则，或者坚持一种不被大多数人支持的观点，都不是一件容易的事情。

我们的生活如今到处都充满了专家，我们已经开始对他们产生依赖，因此丧失了对自己的判断的信心，于是，我们对许多事情都不能提出自己的意见和看法。我们现在的教育，也是针对一种既定的性格模式来设计的，因此这样的教育模式不能培育出各种各样有用的人才。大部分人都是追随者，而不是领导者。在一般的公立学校，那些胆敢对子女的教育方式产生怀疑的父母实在是很不容易的，因为这项工作通常是由专家们来做的。那些父母是能够独立思考的人，并对自己的信念极有信心。他们不断地提出自己的观点，与那些专家论战。一年之后，他们被选出来当社区教育委员会的委员。有数百名孩子因为他们而得到更多更好的教育。

澳大利亚驻美国大使波希·史班德爵士曾经发表过一篇演讲，他说："生命对于我们的意义，是要我们把自己所具有的各种才能充分发挥出来。我们对国家、社会、家庭都有无可推卸的责任，这是我们来到世上的唯一的理由，也使我们活得更加有意义。如果我们不去履行这些义务，我们的社会便不会有秩序，我们的天赋和独立性也不能够发挥——我们有权利也应有机会去培养自己的独特性，并借以追求自己、家人、朋友，甚至全人类的福祉。"

　　而爱德加·莫勒在《周末文艺评论》中的一段话也值得我们深思："虽然人类还无法达到天使的境界，但这也并不构成我们必须变成蚂蚁的理由。"